विनोद कुमार शुक्ल

विनोद कुमार शुक्ल का जन्म 1 जनवरी, 1937 को राजनांदगाँव, छत्तीसगढ़ में हुआ। उन्होंने जबलपुर कृषि विश्वविद्यालय, जबलपुर से उच्च शिक्षा प्राप्त की। उनकी प्रकाशित कृतियाँ हैं—'लगभग जयहिन्द', 'वह आदमी नया गरम कोट पहिनकर चला गया विचार की तरह', 'सब कुछ होना बचा रहेगा', 'अतिरिक्त नहीं', 'कविता से लम्बी कविता', 'कभी के बाद अभी', 'प्रतिनिधि कविताएँ', 'आकाश धरती को खटखटाता है' (कविता-संग्रह); 'पेड़ पर कमरा' तथा 'महाविद्यालय' (कहानी-संग्रह); 'नौकर की क़मीज़', 'दीवार में एक खिड़की रहती थी', 'खिलेगा तो देखेंगे', 'हरी घास की छप्पर वाली झोपड़ी और बौना पहाड़' (उपन्यास)। मेरियोला आफ़्रीदी द्वारा इतालवी में अनूदित एक कविता-पुस्तक का इटली में प्रकाशन, इतालवी में ही 'पेड़ पर कमरा' का भी अनुवाद। कई रचनाएँ मराठी, मलयालम, अंग्रेज़ी तथा जर्मन भाषाओं में अनूदित।

मणि कौल द्वारा 1999 में 'नौकर की क़मीज़' पर फ़िल्म का निर्माण। 'आदमी की औरत' और 'पेड़ पर कमरा' सहित कुछ कहानियों पर अमित दत्ता के निर्देशन में बनी फ़िल्म 'आदमी की औरत' को वेनिस फ़िल्म फ़ेस्टिवल के 66वें समारोह (2009) में स्पेशल इवेंट पुरस्कार।

1994 से 1996 तक निराला सृजनपीठ में अतिथि साहित्यकार रहे।

उन्हें 'गजानन माधव मुक्तिबोध फ़ेलोशिप', 'राष्ट्रीय मैथिलीशरण गुप्त सम्मान', 'शिखर सम्मान' (म.प्र. शासन), 'हिन्दी गौरव सम्मान' (उत्तर प्रदेश हिन्दी संस्थान), 'रज़ा पुरस्कार', 'दयावती मोदी कवि शेखर सम्मान', 'रघुवीर सहाय स्मृति पुरस्कार', 'दीवार में एक खिड़की रहती थी' के लिए 'साहित्य अकादेमी पुरस्कार' अन्तर्राष्ट्रीय साहित्य में उपलब्धि के लिए 2023 के 'पेन अमेरिका नाबोकोव अवॉर्ड' तथा 2024 के 'ज्ञानपीठ सम्मान' से सम्मानित किया गया है।

वे इन्दिरा गांधी कृषि विश्वविद्यालय से कृषि-विस्तार के सह-प्राध्यापक पद से 1996 में सेवानिवृत्त हुए। अब स्वतंत्र लेखन।

सम्पर्क : सी-217, शैलेन्द्र नगर, रायपुर (छत्तीसगढ़)।

विनोद कुमार शुक्ल

कविता से लम्बी कविता

राजकमल पेपरबैक्स

पहला पुस्तकालय संस्करण
राजकमल प्रकाशन प्राइवेट लिमिटेड द्वारा
2001 में प्रकाशित

राजकमल पेपरबैक्स में
पहला संस्करण : 2023
दूसरा संस्करण : 2025

राजकमल पेपरबैक्स : उत्कृष्ट साहित्य के जनसुलभ संस्करण

राजकमल प्रकाशन प्रा.लि.
1-बी, नेताजी सुभाष मार्ग, दरियागंज
नई दिल्ली-110 002
द्वारा प्रकाशित

शाखाएँ : अशोक राजपथ, साइंस कॉलेज के सामने, पटना-800 006
पहली मंजिल, दरबारी बिल्डिंग, महात्मा गांधी मार्ग, प्रयागराज-211 001
1, अनमोल सोराबजी सन्तुक लेन, धोबी तलाव, मरीन लाइंस, मुम्बई-400 002

वेबसाइट : www.rajkamalprakashan.com
ई-मेल : info@rajkamalprakashan.com

बी.के. ऑफसेट
नवीन शाहदरा, दिल्ली-110 032
द्वारा मुद्रित

मूल्य : ₹ 250

KAVITA SE LAMBI KAVITA
Poems by Vinod Kumar Shukla

ISBN : 978-81-19028-72-6

नवीन सागर की स्मृति में

अनुक्रम

कविता से लम्बी कविता

रायपुर बिलासपुर सम्भाग

रायपुर बिलासपुर सम्भाग
हाय ! महाकौशल, छत्तीसगढ़ या भारतवर्ष
इसी में नाँदगाँव मेरा घर
कितना कम पहुँचता हूँ जहाँ
इतना ज़िन्दा हूँ
सोचकर ख़ुश हो गया कि
पहुँचूँगा बार-बार
आख़िरी बार बहुत बूढ़ा होकर
ख़ूब घूमता जहाँ था
फलाँगता छुटपन
बचपन भर
फलाँगता उतने वर्ष
उतने वर्ष तक

उम्र के इस हिस्से पर धीरे-धीरे
छोटे-छोटे क़दम रखते
ज़िन्दगी की इतनी दूरी तक पैदल
कि दूर उतना है
नाँदगाँव कितना अपना !

स्टेशन पर भीड़
गाड़ी खड़ी हुई
झुंड देहाती पच्चासों का रेला
आदमी औरत लड़के लड़की
गन्दे सब नंगे ज़्यादातर
कुछ बच्चे रोते बड़ी ज़ोर से
बाक़ी भी रुआँसे सहमे
जुड़े-सटे एक दूसरे से इकट्ठे
कूड़े-कर्कट की गृहस्थी का सामान लाद
मोटरा, पोटली, ढिबरी, कंदिल
लकड़ी का छोटा-सा गट्ठा
एक टोकनी में बासी की बटकी हंडी
दूसरी में छोटा-सा बच्चा
छोटी सुन्दर नाक, मुँह छोटा-सा प्यारा
बहुत गहरी उसकी नींद
भविष्य के गर्भ में उलटा पड़ा हुआ
बहुत ग़रीब बच्चा
वर्तमान में पैदा हुआ।

भोलापन बहुत नासमझी !!
पच्चासों घुसने को एक साथ एक ही डिब्बे में
लपकते वही फिर एक साथ दूसरे डिब्बे में
एक भी छूट गया अगर
गाड़ी में चढ़ने से
तो उतर जाएँगे सब-के-सब।

डर उससे भी ज़्यादा है
अलग–अलग बैठने की बिलकुल नहीं हिम्मत
घुस जायेंगे डिब्बों में
ख़ाली होगी बेंच
यदि पूरा डिब्बा तब भी
खड़े रहेंगे चिपके कोनों में
या उकड़ूँ बैंठ जायेंगे
थककर नीचे
डिब्बे की ज़मीन पर।

निष्पृह उदास निष्कपट इतने
कि गिर जायेगा उनपर केले का छिलका
या फल्ली का कचरा
तब और सरक जायेंगे
वहीं कहीं
जैसे जगह दे रहे हों
कचरा फेंकने की अपने ही बीच।

कुछ लोगों को छोड़
बहुतों ने देखा होगा
पहली बार आज
रायपुर इतना बड़ा शहर
आज पहली बार रेलगाड़ी, रोड रोलर, बिजली नल
छोड़कर अपना गाँव
जाने को असम का चाय बगान, आजमगढ़
कलकत्ता, करनाल, चंडीगढ़
लगेगा कैसा उनको, कलकत्ता महानगर !!

याद आने की होगी
बहुत थोड़ी सीमा–
चन्द्रमा को देखेंगे वहाँ
तो याद आयेगा शायद

गाँव के छानी छप्पर का, सफ़ेद रखिया
आकाश की लाली से
लाल भाजी की बाड़ी
नहीं होगी ज़मीन
जहाँ जरी खेड़ा भाजी
आँगन में करेले का घना मंडप
जिसमें कोई न कोई हरा करेला
छुपकर हरी पत्तियों के बीच
टूटने से छूट जाता
दिखलाई देता
जब पककर लाल बहुत हो जाता–
देखेंगे जब पहली बार
सुबह–शाम का सूरज
छूटकर रह गया वहाँ दिन
छूटकर सुबह–शाम का सूरज।

दूर हो जायेगी गँवई, याद आने की अधिकतम सीमा से भी
क्षितिज के घेरे से मज़बूत और बड़ा
कलकत्ते का है घेरा
कि अपनी ही मजबूरी की मज़दूरी का
ग़रीबी अपने में एक बड़ा घेरा।

नहीं, नहीं, मैं नहीं पहुँच सकूँगा नाँदगाँव
मरकर भी न ज़िन्दा रह
टिकट कर दूँ वापस
चला जाऊँ तेज़ भागते
गिरते पड़ते हाँफते
देखूँ झोंपड़ी एक–एक
कितनी ख़ाली
क्या था पहले
क्या है बाक़ी
छूट गई होगी धोखे से

साबुत कोई हंडी
पर छोड़ दिया गया होगा दुःख से
पैरा तिनका तक
अरहर काड़ी एक-एक।

समय गुज़र जाता है
जैसे सरकारी वसूली के लिए साहब दौरे पर
फ़िलहाल सूखा है
इसलिए वसूली स्थगित
पिटते हुए आदमी के बेहोश होने पर
जैसे पीटना स्थगित।

देखना एक ज़िन्दा उड़ती चिड़िया भी
ऊँची खिड़की से फेंक दिया किसी ने
मरी हुई चिड़िया बाहर का भ्रम
कचरे की टोकरी से फेंका हुआ मरा वातावरण
मर गया एक बैल जोड़ी की तरह
एक मुश्त रायपुर और बिलासपुर
इसे महाकौशल कहूँ या छत्तीसगढ़ ! !

मर गया प्रदेश
मर गई जगह पड़ी हुई उसी जगह
उत्तरप्रदेश राजस्थान
बिहार कर्नाटक आंध्र
बिखर गई बैलों की अस्थिपंजर-सी सब ज़मीन उत्तर से दक्षिण
ज़मीन के अनुपात से
आकाश को गिद्ध कहूँ
इतना भी नहीं काफ़ी
जितना, अकेला एक गौंठिया काफ़ी
फिर मरे हुए दिन की परछाईं रात अँधेरी।

शब्द खेत शब्द पत्थर

मेड़ के नीचे धँसे पत्थर
बल्कि चट्टानें
फॉसिल हुई फसलें
दृश्य तालाब का
गड्ढे का दृश्य साफ़ है
तालाब का पंजर
पपड़ाया हुआ मन तालाब का भीतरी
जिसमें सूखी हरी काई की परत
सूख गया हरा विचार तालाब का
पार के ऊपर जाकर
मन्दिर के पास खड़ा
किसी पेड़ का जैसे एक पुराना बरगद
पेड़ का नीम सूखा
'था एक पेड़' की कहानी की शुरुआत
लकड़ी के पेड़ के बबूल पीपल
लकड़ी की अमराई।

एक ग़रीब खेतिहर के बेदख़ल होते ही
छूटकर रह गई ज़मीन
ज़मीन का नक़्शा होकर
टँग गई ज़मीन दीवाल पर
कि हिमालय एक निशान हिमालय का नक़्शे में
नदियाँ बड़ी-बड़ी बस चिह्न नदियों के
पुल, रेलगाड़ी की पटरी, सड़क
और निशान समुद्रों के
नक़्शा पूरा टँगा हुआ देश का दीवाल पर
कहाँ नाँदगाँव उसमें मेरा घर
बहुत मुश्किल ढूँढ़ने में
पार्री नाला, नदी मुहारा
रास्ता पगडंडी का
घर आँगन, एक पेड़ मुनगे का
अजिया ने जिसे लगाया था

दो पेड़ जाम के
बापजी, बड़े भय्या के, और चाचा की छाया,
अम्मा से तो एक-एक ईंट घर की
और चूल्हे की आगी
बहुत थककर एक कोने में पड़ जाती,
बहुत मुश्किल इन सबका उल्लेख नक़्शे में।

नहीं कोई चिह्न
तालाबों में खिले हुए कमल का
तैरती छोटी-छोटी मछली
झींगा, सिंगी, बामी, कातल
कूदते नंग-धड़ंग छोटे-बड़े, गाँव के लड़कों का
तकनीकी तौर पर भी मुश्किल
यह सब नक़्शे में
जब गाँव बहुत से और छोटे-छोटे हों
ग़रीब करोड़ों और रईस थोड़े हों
जब तक न वहाँ बड़े कल-कारख़ाने
या बाँध ऊँचे हों।

बिना जाते हुए प्लेटफ़ार्म पर खड़े-खड़े
जब याद आते हैं नाँदगाँव पहुँचने के
छोटे-छोटे से देहाती स्टेशन
इधर से रसमड़ा, मुड़ीपार, परमालकसा
उधर से मुसरा, बाँकल
तब लगता है मैं कहीं नहीं
बस निकाल दिया गया दूर कहीं बाहर सीमा से-
निहारते नक़्शे को नक़्शे के बाहर खड़े-खड़े
लिये हाथों में एक झोला
एक छोटी पेटी का अपना वज़न-
फिर थककर बैठ जाता हूँ पेटी के ऊपर
और इस तरह खड़े-खड़े थकने से पछताता हूँ-
कि तालाब की सूखी गहराई के बीच

मैं भी तालाब का कोई छोटा-सा जीवित विचार दिखूँ
ज़िन्दगी में गीले मन से रिसता हुआ
पीपल की गहरी जड़ों को छूता
खेत के बीच कुएँ के अन्दर
झरने-सा फूटूँ
मेहनत के पसीने से भीग जाऊँ
पलटकर वार करते हुए
बुरे समय के बाढ़ के पानी को
दीवाल-सा रोकता
बाँध का परिचय दूँ
कि मैं क्या हूँ आख़िर
मेरी ताक़त भी क्या है
बाढ़ को रोकने वाली दीवाल
छोटे से गाँव के तालाब का छोटा-सा विचार है
बिखर गये एक-एक कमज़ोर को
इकट्ठा करता हुआ
ताक़त का परिचय दूँ
कि मैं क्या हूँ
मेरी ताक़त भी क्या है
इकट्ठी ताक़त को एक-एक कमज़ोर का विचार है।

गूँजी तब गाड़ी की तेज़ सीटी
कानों में हवा साँय गूँजी
अँधेरे अधर में लहर गई एक हरी बत्ती
किसी ख़ूँखार जानवर की अकेली आँख अँधेरे में हरी चमकी
चलने को है अब हरहमेश की रेलगाड़ी
हड़बड़ाकर मैं पेटी से उठा
कि हाथ का झोला छिटक दूर जा पड़ा
गिर गया टिफ़िन का डिब्बा झोले से बाहर
लुढ़कता खुलता हुआ
रोटी और सूखी आलू की सब्ज़ी को बिखराता
ढक्कन अलग दूर हुआ

अचानक तब इकट्ठे भूखे-नंगे लड़कों में
होने लगी उसी की छीना-झपटी
मेरी छाती में धक-धक
मेहनत को आगे भूख का ख़तरा हरहमेश
काँप गये पैर
अरे ! रोक दो मत जाने दो
मजबूर विस्थापित मज़दूरों को
कहाँ गया लाल झंडा ! लाल बत्ती ! ! गाड़ी रोकने को
आ क्यों नहीं जाता सामने सूर्योदय लाल सिगनल-सा
खींच दे उनमें से ही कोई ज़ंजीर ख़तरे की
या पहुँचे कोई इंजन तक
कर ले कब्ज़ा गाड़ी के आगे बढ़ने पर
पलटा दे दिशा गाड़ी की
कूदें सब खिड़की-दरवाज़े से डिब्बे की
लौटें लेकर फ़ैसले का विचार लश्कर
छोड़ दें पीछे मोह कचरे की गृहस्थी का
टट्टा कमचिल बासी की बटकी हंडी भी
पर भूल न जायें ढिबरी कंदिल
ज़रूरत अँधेरे में रास्ता ठीक देखने की।

एक ग़रीब जैसे हर जगह उपलब्ध आकाश पर
गोली का निशान गोल सूरज
रिसता रक्त पूरब कोई सुबह
उसी सुबह एक ज़िन्दा चिड़िया का हल्ला
देखने को टोलापारा उमड़ा
सुनाई देती है सीटी उस चिड़िया की
बुलबुल ही शायद दिखलाई नहीं देती
कहाँ है ? कहाँ है ?
एक ने कहा-मुझे दिखी
उसे घेरकर तुरन्त जमघट हुआ
चिड़िया बुलबुल दिखाने को
बच्चों को कन्धे पर बैठाये लोग

इस तरह भविष्य तक ऊँचे लोग
सबकी इशारे पर एक टक नज़र
उधर वहाँ
'था एक पेड़' की कहानी का जहाँ ख़ात्मा
नहीं चला होगा लम्बा क़िस्सा
समाप्त बीच में ही हुआ होगा
वहीं सुरक्षित पीपल का एक बीज अंकुर
'एक पेड़ है' कहानी की शुरुआत
उसी पेड़ पर
जिस पेड़ की फुनगी को सारे आकाश का निमन्त्रण।

हरा मुलायम
हरा ललछौंह चमकते
नये पत्तों के बीच

बस, उसी पेड़ पर।

टहलने के वक़्त

टहलने के वक़्त
बाहर से मैं कमरे के अन्दर
निस्संग खुला हुआ छुट्टा
बिलकुल घुन्ना
चुप्पा।

सारा बाहर
कमरे की खिड़की-दरवाज़े बन्द होते ही
बरामदे में रुक गया।

मेरे साथ अन्दर आना चाहता है–
सारा बाहर,
दृश्य मुझको ठेलकर

मुझसे आगे जाना चाहता है कमरे के अन्दर
बदमाश ! गुंडा !! रईस !!!

अचानक अकेली एक की जनसंख्या मेरी
करोड़ों की तरह सामान्य है
अपने से ख़ाली
कमरे में
एक पेटी की तरह
ताला बन्द कर
अपनी अनुपस्थिति सुरक्षित करने के बाद
मेरी फिर हाज़िरी है
अनुपस्थिति क़ीमती
हाज़िरी फ़ालतू।

जहाँ-जहाँ मैं नहीं
वहाँ से मैं ग़ायब
एक रद्दी
कर्ज़दार अनुपस्थिति
जिसे जगह-जगह
उसी तरह उपस्थित होकर
चुकारा होना है
या उससे बदतर।

जिसके सामने हाज़िरी है
हर बार वह मालामाल
मार ! मार !
उसको मार !
दोस्त ! उससे अपने को बचा
इनको भी बचा।

चारों तरफ़ से जाते हुए
जैसे चारों तरफ़ से
लौटते हुए

पहुँच का एक तंग गोलाकार घेरा–
कठघरा
सिमटकर
मेरा आकार हो गया–
इस तरह उपस्थित हूँ
नमस्कार करता हूँ।

हुआ यह
कि जहाँ मुझे जाना है
और जहाँ मैं वापिस हूँ
उस पूरी दूरी तक
मैं खड़ा-खड़ा
ऊब गया हूँ
आसपास
कोई चाय भजिये की
दुकान भी नहीं है
दोस्त का घर मालूम नहीं है
भूख लगी है
दाल–भात से ज़्यादा
दाल–भात शब्द को चबाना
झोले से ज़्यादा
झोला शब्द में कुछ भरना
अँधेरे–अँधेरे में कविता करना
या मुझे बाज़ार करना है
दोस्त ! इतनी भीड़
सब तंग
सबका हिसाब उसके पास
पूरा रिकार्ड
वह मालामाल
मार ! मार !! उसको मार !!!
उसको दृश्य में ला
उपस्थित कर।
पाँच मिनट बाद खिड़की खोलने पर

वही खड़ा हुआ दृश्य,
खड़े हुए दृश्य में
गुज़रते हुए लोग
कि उस पेड़ के पास
अब कोई आदमी नहीं
जैसे वह जान-बूझकर पेड़ छोड़कर
चला गया कहीं
लेकिन पाँच मिनट बाद वाला पेड़।

पाँच मिनट पहले के पेड़ में
एक चिड़िया थी
वह पेड़
कुछ अधिक हरा था
कुछ अधिक घना
उस पेड़ के परिचित या विश्वसनीय होने के पहले
बदलकर
एक अविश्वसनीय पेड़
लेकिन वैसा ही पेड़
वही पेड़ शीशम का...
और पाँच मिनट बाद का आकाश
हीरे, पुखराज से कब्ज़े में
ग्रह नक्षत्र प्रदेश पाँच मिनट बाद के
नीलम की अँगूठी से निकली
उँगली के इशारे से
बाद का ब्रह्मांड भी
भूरा ऊबड़-खाबड़ धारदार
दृष्टि की पहुँच को
काटता रोकता हुआ अनन्त या तंग।

पाँच मिनट की देर हो गई
और कोई तैयारी नहीं
सब कुछ बदल घेराधारी

समय की ज़ोरदार चौकीदारी
एक जाता
फिर दूसरा आता
पहले से ज़्यादा धूर्त और चालाक
उत्साही, नवयुवक उत्तराधिकारी
—समय उसका।

बिना घड़ी देखे
मैं भूतकाल होने की प्रक्रिया में
अपने निशान चिन्हों सहित
ग़ायब होने के पहले
तना हुआ घूँसा लिये
धुँधला हुआ
आगबबूला हुआ
और शाम छै बजे का वक़्त
साढ़े छै बजे का लगा
कविता का क्या हुआ ?
घूँसे से उँगलियाँ निकालकर
कविता लिखनी थी
घूँसे से उँगली निकालकर
इशारा करना है
इन्हें कविता में शामिल करना था
इन्हें कविता में शामिल करना है—
उसका कारोबार !
उसका मकान !
उसकी कॉलोनी !
उसका दृश्य ! !
वह पेड़ बदलते हुए
वह चिड़िया
ज़मीन बदलते हुए
वह, आदमी बदलते हुए
मर्ज़ी माफ़िक।

मैं तो जगह-जगह ग़ायब
जादूगरी
और अधिकांश जगह ग़ायब
हमेशा के लिए
बदरुद्दीन बन्दूक़ वाले
और सराफ़े की दुकान
भागती मोटर से ग़ायब
जहाँ-जहाँ वह उपस्थित
वहाँ से मैं एकदम नदारद
आगे-पीछे की भीड़ के साथ
एक मुश्त अदृश्य
हाथ की सफ़ाई
और सबका डेरा-डंगर ग़ायब
पेट भर खाना
और जेब के साथ
पूरी कमीज़ ग़ायब।

कमरे की दीवाल में
जो आला है
वह दीवाल की जेब है
उसमें कमरे का ताला, चाबी,
एक मोमबत्ती और माचिस
महीनों से रखा हुआ
एक दस पैसे का सिक्का है
जेब में दाढ़ी बनाने की सस्ती ब्लेड मिल जाने से
मेरा दोस्त जेबकतरे की तरह पिट रहा है घटनाक्रम में
उस दुकान में
जिसकी दीवाल में
तिजोरी जेब है !

दोस्त ! तू भी मार !! मार !!
उसको मार
अपना सबका माल बरामद कर

दृश्य में ला
उपस्थित कर।

दोस्त होना तो था
होना है
हो ! हो !!
बाद में भी वही पेड़
विश्वसनीय पेड़
सार्वजनिक आदिवासी
आदिम जाति जंगली पेड़
ऊँचे भूरे ईंटों के चबूतरे का
अंगोछा लपेटे
जिसकी पत्तियाँ
हवा से हिलती नहीं
हवा को झकझोर कर
आँधी बनाता पेड़
उखड़ते-उखड़ते बच गया जो
पुराना गाँव का पेड़
वहीं अपने लोगों की
हाज़िरी लेनी थी
खंडहर की दीवाल के ऊपर
उगे हुए पीपल के पेड़ से
बढ़ी ऊँचाई होनी थी
पहाड़ पर बने हुए
बिड़ला मन्दिर से
बढ़ी—ऊँचाई
ख़त्म करनी थी
क़िस्सा ख़त्म करना था
क़िस्सा शुरू करना है।

—चली गई दूरी को देखकर फिर
किसी भी झरोखे से
गोया सींखचों से बाहर

दोनों हाथ निकाल
अपने दोनों हाथों को
सम्पूर्ण बाहर में
शामिल कर लेता हूँ।

सम्पूर्ण बाहर में
अपनी उँगलियाँ हिलाता हूँ
मुट्ठियाँ बाँधता हूँ।

खुरदरे हाथों से
खुरदरे वातावरण में
बाहर एक कविता छूट जाती है।

यह टहलने का वक़्त
अथाह गहरे में
जिस जगह में डूब रहा था
वहाँ एक ज़मीन
मेरा मुहल्ला
पुरानी बस्ती
कटोरा तालाब
इस तरह उभरकर
ऊपर सतह में आया–
कि मैं उस पर खड़ा हुआ
गीले कपड़ों से
ज़िन्दा बचा हुआ
दुनिया देखता हूँ
गड़बड़ी है
हाय ! भीगे हुए
दो–चार नोट सुखाता हूँ।

ज़िन्दगी बड़ी है।

विचारों का विस्तार इस तरह हुआ–

विचारों का विस्तार इस तरह हुआ–
जिस दिशा में
एक मरियल आदमी
मुरम खोद रहा
दिन भर से धूप में
पुरानी ज़ंग खाई
लोहे जैसी मज़बूत
मुरमी तपती ज़मीन से
उस आदमी के साथ
एक लड़का
आबादी जैसा भूखा
उघारा दुबला
खुदी हुई मुरम को जो

घमेले में भरकर
बैलगाड़ी में डाल रहा
उन दोनों तक पहुँचने के लिए
पेड़ की छाया
शाम-शाम को बहुत चाहकर
उनकी दिशा में
कुछ लम्बी होकर रह गई।

बुलबुल तो गाने वाला
भूरे- रंग का फूल
खंजन मैना भी पेड़ में
इसीलिए तो उड़ गई।

दुःख हुआ हरे-भरे पेड़ से
कि पत्तियाँ सैकड़ों
आकर बैठ गई होंगी झुंड में
चिड़ियों के साथ
हरी पत्तियों का बसेरा
वह जो अब इसलिए पेड़ हरा
एक पत्ती एक चिड़िया लगी
पीली पत्ती
जो पेड़ से अलग हुई हवा में
गिर पड़ी ज़मीन पर
मरी हुई चिड़िया पीली
एक पत्ती गई
एक पत्ती की छाया गई।

पेड़ में स्थिर बैठी चिड़िया
पेड़ के हिस्से के समान
और पेड़ पर बैठने के लिए
कहीं दूर उड़ती चिड़िया भी
पेड़ का उगा हुआ विस्तार

हवा में उड़ता
सीटी सी बजा
ओझल हुआ।

—एक चिड़िया गई
एक चिड़िया की छाया गई
पेड़ की छाया
टुकड़े-टुकड़े
चिड़ियों की छाया होकर
चली गई चिड़ियों के साथ।

उड़कर चली जायेगी हरियाली
हरी पत्तियों का झुंड
हरी झाड़ी
असंख्य बीज
चिड़ियों के झुँड के साथ
भरी नदी के किनारे
जंगलों में,
बाक़ी होगा ठूँठ
इस चटियल मुरमी मैदान पर
हरियाली गई
हरियाली की छाया गई।

दृश्य धुँधले हैं
धुँधलके में,
एक-एक कर नहीं
एक साथ धीरे-धीरे
जो दिख रहा है
वह धुँधला
जो ओझल
धुँधलके में ओझल है।

चिड़िया बहुत छोटी
धुँधला आकाश भी
धुँधला एक तारा
धुँधलके में शाम का,
पर दूर से आती हुई
ओझल बैलगाड़ी के
बैलों की घंटी की आवाज़
कहाँ धुँधली
इसीलिए तो
एक बारगी दिखनेवाले
शाम के तारे पर दृष्टि गई
कि घंटी वही तारा है
धुँधले आसमान के गले में काँसे की,
पर जितना बड़ा गला आसमान का
उस हिसाब से
घंटी छोटी है
चन्द्रमा ठीक है।

आसमान छुट्टा
पता नहीं किसने छोड़ा
जुगाली करता हुआ पसरा
सारी दुनिया की हरियाली में
मुँह मार सकने लायक़
भारी भरकम
सारी फसलें
सारे जंगल
उसकी तरफ़ उन्मुख
वह धीरे-धीरे आता हुआ
ज़मीन की तरफ़ !!!
अगर जहाँ का तहाँ
तो बँधा हुआ खूँटे में है,
जुतने के लिए कभी

मुरम खोदने वाले की
बैलगाड़ी में
और यदि आ रहा होगा
तो शायद जुत गया होगा
जोड़ी के लिए
दूसरा आसमान भी
साथ होगा।

एकदम सन्नाटे में
उभरकर
स्पष्ट
बैलगाड़ी के आने की आवाज़ का
इस तरह विस्तार हुआ
—एक अकेला पेड़
पथरीले मैदान पर
निपट अकेला होता है
अँकुर से होकर
सूख जाने तक
उसी जगह
वहीं हिलता-डुलता
पिंजड़े में एक हरा तोता जैसा
दो पेड़
ज़्यादा से ज़्यादा
पिंजड़े में
जोड़े जैसे होंगे।

—सब तरफ़ जाने के लिए
पेड़ का क़दम अगला
एक दूसरा पेड़ ही होगा
एक पेड़ का
आगे बढ़ते जाने का मतलब
सिलसिला पेड़ों का

संगठन की हरियाली का सुख।

—पहाड़ जैसा
स्थायी
रुका हुआ
बढ़ जाता है
दीवाल की तरह
श्रेणियों में संगठित,
—सतपुड़ा की श्रेणी
विंध्याचल
संगठित हों हम भी
पर नहीं छोड़नी हमको
खैबर की घाटी
ख़ाली कोई जगह,
हिमालय से बेहतर।

—बाहर यदि कहीं
धूप में
टँगा तोते का पिंजरा
तब भी पिंजड़े के अन्दर होता है
ऊपर से
पिंजड़े की छाया के अन्दर
तोते की छाया होगी
पिंजरे की छाया में
एक कटोरी की छाया
मिर्ची की छाया
अधखायी होगी।

बैलगाड़ी के आने की आवाज़ का
और विस्तार
हरे भरे पेड़ को
हरा भरा पेड़ सोचने का

अभ्यास होना ज़रूरी है
पेड़ दिख रहा है
धुँधलके में
पर हरा भरा है
रात में भी हरा भरा होगा
हरियाली के विश्वास का विस्तार
नन्ही चिड़िया से होगा–
एक पेड़ से दूसरे पेड़
इस मुहल्ले उस मुहल्ले
एक छोर से
अन्तिम छोर
बिजली के तार
टेलीफ़ोन के खम्बे
कुएँ की मुँडेर
रहट
इस तरफ़
उस तरफ़
कारख़ाने दफ़्तर
गौरय्या घर-घर
आने वाली बैलगाड़ी के
पहिये की यह घरर-घरर आवाज़।

मेरा विचार !!
भूकम्प के पहले
ज़मीन के अन्दर
दबी हुई गड़गड़ाहट का शक
जमीन में धमक
ज़मीन काँपती हुई कि
यह कोई और बैलगाड़ी है !!
मुरम भरकर ले जाने वाली नहीं
पर है
मुरम खोदने वाले की

जिसकी आवाज़ से
भयानक लू में
ठंडी लहर चली
नमी और
हरियाली की गन्ध
नदियों, खेतों
और ख़ुशहाल आबादी वाली
हज़ारों मील के
दृश्य के
एक साथ उभरने की आवाज़
बहुत ज़ोर की
कहीं बारिश के अन्दर से गुज़र
भीगी भीगी
ठंडी हवा इधर–
उस बारिश की
पहुँची यहाँ ख़बर,
हवा में उड़ता
मीलों दूर भविष्य से
आया जैसा
एक बूँद पानी चेहरे पर
चेहर पर पूरे पानी का अनुभव,
मेरे पते पर
एक बूँद
पूरा वातावरण जिसमें
पोस्ट कार्ड
ठंडी हवाओं का
बहुत दिन बाद मिला
आने वाली सबकी कुशलता
और अनगिनत
अच्छे समाचारों का
आभास देने वाला
कोई संकेत अक्षर, सम्बन्ध अक्षर–

बारिश की एक बूँद।

चार–आठ बूँद पड़ते ही
मैंने सोच लिया
एक वाक्य
–अच्छा समय
दूसरे वाक्य फिर–
मिल–जुलकर ख़ुश बहुत।

कल की थोड़ी बेफ़िक्री
मौसम इतना अच्छा कि
खिलखिलाता लड़का अढ़ाई साल का
नंग–धड़ंग दौड़ता
निकल आया घर से बाहर,
पीछे–पीछे
हाथ में चड्डी लिये
दौड़ती पत्नी आई
मुझसे शिकायत करती बेटे की
सुनकर मैं
बेटे के पीछे दौड़ा
पर जान–बूझकर
धीरे–धीरे
ताकि कुछ देर उसे
आगे तक
और दौड़ने दूँ
उसके पीछे धीरे–धीरे
मैं दौड़ूँ पत्नी भी दौड़े–
बुढ़ापे में बेटे के पीछे
दौड़ नहीं पायेंगे
पर जहाँ वह होगा
साथ वहाँ होंगे आगे–आगे
मौसम इतना अच्छा।

इसी तरह बूँदा-बाँदी
कुछ देर मैं लिखता रहा !

कुछ देर मैं लिखता रहूँ
—आने वाली बैलगाड़ी में
जुते होंगे
अड़ियल बैल से बुरे दिन
मज़बूत पुट्ठे के
भारी सींग
तेल से चमकते
काले बैल
काले दिन
पसीने से भीगे
सुमेला तोड़ने की कोशिश
गाड़ी उलटा देने की फिराक
पर काबू में होंगे
हाँकता होगा
मुरम खोदने वाला
और खड़ा होगा बाजू में लड़का
ललकारते हुए बैलों को
ताक़त से पूँछ मरोड़
'हई ! हई ! बईला सम्हल
गड़बड़ करने से डर
जल्दी चल
आगे बढ़।'

मज़बूत विशाल संगठन की ताक़त से
धीमे-धीमे
बढ़ती हुई बैलगाड़ी
परन्तु भविष्य के
अच्छे समय को लादकर
पहुँचने के लिए वाली गति।

लदा होगा
टूट–फूटकर पहाड़ वह
गाड़ी के एक कोने में,
जो ज़िन्दगी के रास्ते में अड़ा है
रास्ता जिससे
मात्र कुछ क़दम चारों तरफ़,
रास्ता एक कमरा जैसा
बल्कि गुफ़ा जैसा
चट्टानों से बन्द।

टूटने से पहाड़ के
निकल बाहर आया होगा
पहाड़ जैसे वज़न से
सैकड़ों साल का पिछड़ा
दबा हुआ ग़रीब
छोड़कर पीछे
अपनी पुरातत्त्व हुई ग़रीबी
सारे उसके अवशेष
खंडित पैर
टूटी नाक
टूटी भुजा
बचा हुआ धड़–
पेट के साथ
शामिल होते
बारिश की दुनिया में
अपनी मज़बूत भुजाओं से
ताक़तवर कन्धे पर
लेकर हल
मेड़ों से उतर
खेतों पर।

और बैलगाड़ी में होंगे

हँसते अपने सब मुस्काते
ग़रीब बुलबुल
ग़रीब खंजन मैना
ग़रीब गौरय्या
औरत बच्चे बूढ़े।

एक बच्चा जो
बैठा होगा
टूटे पहाड़ के ढेर की चोटी पर
पूछेगा दादा से–
पहाड़ को फेंक क्यों नहीं देते
गाड़ी से नीचे
मुरम की खदानों में?
'अरे! नहीं!!' दादा बोलेंगे–
'रास्ते में
जगह–जगह
आदमियों की उत्सुक भीड़ मिलेगी
जिस ख़तरनाक ऊँचाई से
डरते थे
उसको मरा हुआ
टूटा–फूटा
देख लेने की
उनमें ललक होगी।'
सुनकर सब बच्चे
ख़ुश होकर ताली बजाते
दौड़ पड़ेंगे खेलने
पहाड़ के टूटने से
फूट पड़े सोते और झरनों में।

गूँजी तब विचारों के विस्तार में
गाने की आवाज़ गम्भीर
मुरम खोदने वाले की भर्राई मोटी

लड़के की मधुर मीठी
उस आवाज़ का मैं
इस तरफ़ विस्तार हुआ
और गाने लगा
ज़मीन की स्थिरता के संयम से
भविष्य की ख़ुशहाली की साँसों को खींचकर
आसमान की ऊँचाई को
ध्यान में रख
मुट्ठा भींचे
धीरे-धीरे
'निकल पड़े बाहर
बेघर के बन्द
खिड़की दरवाज़े से
झुग्गी-झोंपड़ी
गटर नाली से,
दया और माँगे हुए वक़्त से
बाहर कूदकर
छीन लें अपना वक़्त
अपने कारख़ाने बगीचे
अपने घर
अपनी घास
तिनके तक
निकल पड़ें शामिल होने
उनमें
जो इकट्ठे हैं
नदी को साथ लाने
चटियल मुरमी मैदार पर।'

जल्दी ऐसी कि-
ख़ुशबू बौर की पहले आई
अमराई बाद में होने के लिए
साथियों की ख़बर पहले आई

बाद में साथी पहुँचने के लिए,
अच्छे भविष्य का विश्वास पहले
अच्छा भविष्य बाद में होने के लिए
काम करने की शुरुआत पहले
काम ख़त्म करने के लिए।

बुलबुल तो
गाने वाला
भूरे रंग का फूल
खंजन मैना भी–
इस पेड़ उस पेड़।

तीन मीटर ख़ुशबू के अहाते में उगा हुआ गुलाब

तीन मीटर ख़ुशबू के अहाते में उगा हुआ गुलाब
खुशबू के अहाते को बिखेर या कतर कर
कुछ इस तरह कोट बन गया
कि गुलाब का फूल कालर में उगा है
जब मैंने गुलाब का फूल तोड़ा
जब मुझे तफरीह करनी थी
तब मुझे एक कोट बनवाना था
तब मुझे एक कमीज़ भी बनवानी है
जब मुझे पन्द्रह रुपये बचाने थे
तब मुझे पन्द्रह रुपये खर्च करने हैं
वे रुपये कहाँ हैं ?
मेरी बचत का रुपया
हर बार ख़र्च हुआ

बाप के उधारखाते में मेरा नाम दर्ज़ हुआ
जब भी थोड़ा तंदुरुस्त हुआ
बहुत बीमार हुआ।

ख़ुशबू का पारदर्शक कोट पहनकर
ज़िन्दगी का अजीब जोकर लगता हूँ
अन्दर वही पुरानी कमीज़
उसमें बाप जी को लिखा एक पोस्टकार्ड
कि यहाँ सब ठीक।

पोस्टकार्ड डालना कुछ दिनों से भूल रहा था
उसकी दृष्टि की पहली ठोकर से उछलकर
लाल डिब्बे के सामने आकर खड़ा हुआ चौकन्ना चुस्त !!
चिट्ठी डाल देता हूँ
बड़ा काम होता है
ज़िन्दगी से मेरे ठीक होने की ख़बर
मुझसे अलग होती है
जो मुझसे जुड़ी नहीं थी
उस ख़बर के न जुड़ने का
पैदाइशी निशान
कहीं ज़रूर है
या वह पूरा मैं हूँ–
अच्छा नाक़–नक़्शा नहीं
पक्का नहीं कि पहली जनवरी को पैदा हुआ
छुटपन में गिरने के
कुहनी–घुटनों में निशान हैं
पीठ में फोड़े बहुत निकलते हैं
आप कैसे हैं ?
कितने बाल–बच्चे हैं ?
अत्र कुशलम् तत्रास्तु !!
परम पिता परमेश्वर की अनुकंपा से
हमारा आपका उपनयन संस्कार भी हुआ है

बिसाहू, हरवाहा, चरवाहा की मिट्टी पलीद है।

चिट्ठी के अलावा
मेरे पते पर पहुँचने के पहले
गोल बाज़ार की सड़क
स्टेडियम में बदलती है
ऊँचे छज्जों, बालकनी, गैलरी
दुमंज़िले, तिमंज़िले में बैठे
घूमते लोगों के लिए
मेरे पते पर पहुँचने का
उनका खेल शुरू होता है !

समय से पहले ख़त्म होने को एक मैच–
उनकी दृष्टि की हाकी स्टिकों के बीच
पूरी लम्बाई के ऊपर
उछला तना हुआ
अपना गोल सिर बचाता फिरता
अपनी आँख बचाता हुआ
ग़ुस्से से ऊपर तकता हूँ
पैर बचाता हुआ
कुचल देने के लिए
लात घुमाता हूँ
हवा में घूँसे
गोया हवा को घूँसे
गोया उनकी साँस को चोट !
"हो ! हो ! शाबाश ! बचके ज़ोर लगाओ !
अभी मरे नहीं। कोशिश करो। तन्दुरुस्त हो !
कुछ नहीं बिगड़ा। लेकिन बचोगे नहीं !"
मकानों की खुली खिड़कियों से
लाउडस्पीकर से आवाज़ आती है
फुसफुसाकर मैं भी कहता हूँ
कि कोशिश करूँगा और बचूँगा।

यद्यपि दोस्त से मिलने की जगह मालूम है
लेकिन दोस्त का ठिकाना नहीं
साहूकार का ठिकाना मालूम है
भूगोल मालूम है
अमरीका मालूम है
साहूकार बहुरूपिया, बहुत रुपया
मालिकों का मालिक या नौकरों का नौकर
सैकड़ों जोड़ी जूते वाला दो पैर का जानवर–
नंगे पैर का आदमी जिसकी फिराक में
बड़ी मेहरबानी !
झोंपड़ी बनाने के लिए कर्ज़ देकर
ब्याज में झोंपड़ी ले लेता
ज़मीन ले लेता
प्रदेश ले लेता
फिर भी बेघर के दरवाज़े को खटखटाकर
कभी भी कहीं से भी बरामद करवाकर
कर्ज़ वसूलने का उसका दावा
दिन के उजाले में हमें निकालता
रात के अँधेरे में बन्द कर देता
या लोग कोई झोंपड़ी नहीं के अन्दर जाकर
कोई दरवाज़ा नहीं को बन्द कर लेते
कोई खिड़की नहीं को खोल लेते
या छोटा-सा झरोखा भी नहीं
के पास आकर बैठ जाते हैं
दुनिया देखते हैं।

गोल बाज़ार की सड़क में तालियों के बीच
अपनी पत्नी से मैं खाना परोसने के लिए कहता हूँ
एक पूरी थाली–
अरहर की दाल, रोटियाँ, चटनी, ख़ुशबूदार चावल
रसेदार गोभी, बढ़िया थाली
उनकी कोशिश होती है कि दिमाग़ में उतरे

ताकि पेट और दिमाग़ का काम एक होकर
गहराई से सोचना गू हो जाये।

बाजू के घर की छत में लाइन से बैठे
काले कव्वों के झपटने के लिए आम थाली नहीं
ये विचार से रोटी को झपटकर उड़ जाने को तैयार
बैठे तत्पर
नुकीली तेज़ चोंच इनकी है
विचारों की गहराई तक धँसाकर
नोचने बैठे काले कव्वे
भगाने से नहीं भागते हैं—पत्नी कहती है
भगाने से नहीं भागते हैं—मुहल्ले के लड़के कहते हैं
मैं कुछ भी नहीं कहता
कोई कुछ नहीं कहता
तब भी सब सुनते हैं
—इनको भगाते रहो
ज़रूरी विचारों से मज़बूत बनो
मरे हुए कव्वों की खाल ओढ़कर
साहूकारों की जमात इकट्ठी है
बहुतों की खोल में हीरे की बटन लगी है
छत पर कव्वे इकट्ठे होने के अंधविश्वास
का सहारा ले
मेहमान बनकर मुहल्ले में आयेगा
उड़कर नहीं, पैदल चलकर आयेगा
उनकी पेटी में कव्वों की खाल होगी
जो अधनंगे बच्चों की भेंट होगी
खिलौने घुनघुने होंगे। इनको भगाते रहो।

शायद वह मुझसे भी कहे
कि कालर में लगा गुलाब का फूल मुरझा गया है
बहुत तफ़रीह हो गयी
दस-पाँच रुपया बचने से कुछ नहीं होगा

क़मीज़ सिलवाने के बदले
कव्वे की खाल ओढ़कर जमात के साथ बैठूँ
काँव ! काँव !! बोलना सीखूँ।

वह मुझे डाँटेगा, धमकी देगा
कि मैंने गुलाब का फूल क्यों तोड़ा था
फिर वह कान में इत्र का फाहा खोंस
बगीचा समारोह में शामिल होगा
तब बादल से सूरज,
मोटर की डिकी से, जैसे निकलेगा
उनके वातावरण को रंगीन बना देगा
वातावरण में डिस्टेम्पर !!
वातावरण की बाहरी दीवालों पर
ऊँगली फिराने से कोई रंग नहीं आता
उनके वातावरण में अन्दर जाने की मनाही है
लेकिन मिट्टी में हाथ रखने से
मिट्टी का रंग नहीं
मिट्टी आ जाती है
क्या यह गंदगी है ?
लीख से भरे बालों वाले
लड़के के चेहरे में मैल की परत–
मैल की परत का नक़ाब !
नक़ाबपोश, चोर, डाकू
उचक्का, गँवार, गुंडा
वह ग़रीब का लड़का।...

बहुत से उदाहरण थे
उदाहरणों की भीड़
कविता में आने की
उनकी धकापेल मची
बड़ा गुस्सा
किसी की नाक फ़ाउंटेनपेन

लिखना सूँघने के समान
इसलिए ख़ुशबू सूँघ से अदृश्य होकर
ख़ुशबू बोलकर
कान उसको आँख की तरह देखता सुनता है
इस तरह का कारोबार
पूरा चेहरा बिगड़ा है।

तब मैं उसकी पहली करतूत के
उदाहरण को ढूँढ़ने के लिए
सब कुछ उलटकर
पहले अपनी तलाशी लेता हूँ
ख़ुद उदाहरण होने से बचता
केवल दो मिनट
बन्द दीवाल घड़ी की तरफ़ देखता
कि कितनी देर तक
ख़त्म हुआ समय क़ायम रहता है
इस तरह दो मिनट बरबाद करता हूँ।

अपनी तलाशी लेते
मैं एक नयी कविता शुरू करता
तो वह हज़ारों कविता की पृष्ठभूमि
तैयार कर देता है–
अकेले मेरे बस का नहीं
पूरी कविता पूरी कार्रवाई नहीं
पोटली में दो किलो चावल नहीं
यह ज़मीन पर गिरे
दो किलो चावल के एक-एक दाने को बीनकर
मुहल्ले के लोगों के द्वारा
इकट्ठा करने का
इस तरह पेट से ज़्यादा
समूह की ताक़त बढ़ाने का हिसाब है
उस आदमी को दौड़कर पकड़ना है

धक्का देकर पोटली का चावल गिराना जिसका काम है
मेरा कविता के अलावा क्या कविता का काम है !!
मुहल्ले के लड़को, आओ
बहुत ज़रूरी काम है–
एक-एक कर जिसको जब भी मौका मिले
अकेले से अच्छा
किसी को साथ लाना है
पूरे मोहल्ले को गोल बाज़ार में आना है
किसान गंज में
ख़रीददार दुकानों में
बरसों के मुनाफ़े को तुरंत घाटे में
मेहनत को मुस्कराहट में
सोने को बनते हुए ताप बिजलीघर में
जिसकी चिमनी में उगा मधुमक्खी का छत्ता
या दिमाग़ में डंक मारने वाले विचारों का शहद-छत्ता
डंक मारने वाले विचारों को फैलाना है
ज़रूरी काम है।

उसकी पहली करतूत के उदाहरण को
ढूँढ़ते समय
जैसे गुम हो गयी पहले की कविता
ढूँढ़ने के लिए सब कुछ उलट-पुलट बिखरा
न मालूम कहाँ वह गुप्त कविता
फरार कविता
किस घूरे में फिंकी
बहुत नुकसान हुआ
काम पर जाने में देर हुई
पत्नी से पहले डाँट-डपट पूछा
फिर उसके उदास होने पर पछताया
जबकि वह लिखी गयी कविता नहीं
लिखी जाने वाली कविता होती है।

कई दरवाज़े वाले गोल कमरे की तरह
एक विशाल उदाहरण का बहुत छोटा कमरा
पर इतने दरवाज़े खिड़कियाँ झरोखे
जिनके खुले होने पर
यह कमरा शामिल मैदान लगता है–
खुले दरवाज़ों का घेरा
दस बाई ग्यारह का क्षितिज कमरा
बिलकुल शुरू लगता है।

उदाहरण होने से बचता हुआ
क्षितिज कमरे के अन्दर घुसकर
उदाहरणों की बैठक में
कविता लिखने
मित्रों और दुश्मनों को जवाबदेह हूँ
इन्हीं के बीच वह ग़रीब का लड़का
जैसे परिचितों के बीच
बेफिक्र होकर खेलता दिखता है
वैसे नंग-धड़ंग
लेकिन प्रतीकों के बाबासूट में
कहीं जाने को तैयार
मुझे देखते ही आ लिपटता है
कहीं घुमा लाने की ज़िद करता है
–उदाहरणों की भीड़ से
पुरानी खटारा साइकिल के उदाहरण पर
पैडल मारता हुआ
गुज़रता रहा वर्तमान
और इसलिए पीछे कैरियर पर बैठा
ग़रीब लड़के का उदाहरण
इतना पुराना पड़ गया
कि उसे लेकर चढ़ाई चढ़नी थी
या चढ़ाई करनी थी
क़िला फ़तह करना था

कुछ सवारियाँ, रिक्शे में पाँच आदमी,
कहीं आबादी के ऊपर एक सवार
नहीं ! यह छिपकर चढ़ाई का रास्ता नहीं
यह आम रास्ता है।

'एक दूसरा रास्ता भी है।'
मैंने कैरियर पर बैठे
ग़रीब लड़के से कहा
सामंती इतिहास सदर बाज़ार से
केवल दो मिनट का है
यदि साइकिल से जायें
उधर भी परिचित हैं
वहाँ लालबाग है—राजा का महल
जिसे सारडा सेठ ने ख़रीदा है
कोकड़ा मारवाड़ी का मन्दिर
एक हलवाई की दुकान
जहाँ पुराने किले का पीर
रोज़ रात को दो बजे
दो सोने की गिन्नियाँ देकर
दो जलेबियाँ खाने आता है
बड़ा सिरफिरा
पहुँचा हुआ पीर !!
हर साल जिसकी मज़ार
एक बीता बढ़ जाती है
और शहर अपने अंदर
एक बीता कम हो जाता है
हर सेठ उसकी गिन्नियाँ भुनाकर रईस
और बाक़ी व्यापार ठीक।

न मालूम कब ग़रीब का लड़का
कैरियर से उतरकर
हलवाई की दुकान के

सामने पड़े हुए
काग़ज़ की चासनी चाटता
लापता हुआ
हाय ! उसके पीछे मैं लापता !!
जगह-जगह ठीक होने का समाचार
मुझे ढूँढ़ता फिरता, मेरी तलाश करता
मैं उस आदमी को ढूँढ़ता
जिसकी कुशलता का समाचार मुझे मिलेगा
आदमी कब कुशलपूर्वक होगा ?
ख़बर मिलते ही देना है जवाब-
कि यहाँ भी ठीक।

अपनी तलाशी लेते समय
जेब में हाथ डालता हूँ
तो उसमें पहले से घुसा
कोई और हाथ
जेब के अन्दर
मुझसे हाथ मिलाता है
कि मैं गिरफ़्त में !!
उससे हाथ छुड़ाने की ज़बरदस्त कोशिश में
उसकी कलाई-घड़ी टूटी ज़रूर
पर तब भी घंटे, मिनट और सेकंड के नुकीले काँटे
मेरे हाथ में चुभे, धँसे
बहुत गहरे, बहुत गहरे बुरा समय बताते हैं
अन्दर और बाहर बूँद-बूँद ख़ून बहता है
जो एक घटना है-उस हाथ को जेब से बाहर
निकाल फेंकता हूँ
तब भी उसकी हथेली से
उसकी मस्तिष्क और भाग्य-रेखा
जेब में कुलबुलाती छूट जाती है
एक-एक कर उनको चुटकी से पकड़
ज़मीन पर छोड़ता हूँ

तो सर्र-सर्र भागती हुई लकीरें
साँप के बिल में पनाह लेती हैं
कुल मिलाकर जेब से मुट्ठी-भर लकीरें,
बृहस्पति, चन्द्र, पहाड़, शनि निकाल
हवा में उछालता हूँ
उसकी बोरी से
एक मुट्ठी अनाज उठाकर
एक घूँसा अनाज कहकर
उसे डराता हूँ
उससे राजीनामे
और अँगूठे का निशान लगाने से चिढ़ता हूँ।...

बहुत ज़रूरी काम से
कुछ सोचकर हड़बड़ी में जाते हुए मुझे देखकर
एक पोस्टमैन पूछता है ?
क्या आप पहली जनवरी को पैदा हुए ?
आपकी पीठ में फोड़े बहुत निकलते हैं
और ज़िन्दगी के ठीक होने की ख़बर
जो आपसे कभी नहीं जुड़ी
उस ख़बर के न जुड़ने का
पैदाइशी निशान आप स्वयं हैं
तब तो यह गश्ती पत्र आपका भी है—
अत्र कुशलम् तत्रास्तु
दुनिया में कुशल है,
चिन्ता न करें
मैंने पोस्टमैन से कहा
—आप पोस्टमैन बूढ़े हैं !
—नहीं, मैं ब्रिग्रेडियर बूढ़ा हूँ
एक जल्दी होने वाले महायुद्ध में
मेरी टाँग टूटी, मरने से बचा
केवल एक पैर से
पैडल मारकर

आपको ढूँढ़ते पहुँचा
उदाहरण के लिए मुझे एक कविता में होना था
सम्भावित युद्ध में घायल होकर
मेरे चेहरे का
पूरा कारोबार बिगड़ा
मेरी ही नाक फाउंटेनपेन
सूँघना लिखने के समान
ब्रिगेडियर पोस्टमैन हूँ
सम्भावित युद्ध की शान्ति में
डाक बाँटने की मेरी ड्यूटी है।...

उसे जाते हुए मैंने देखा
उसके कैरियर में पार्सलों के बीच दबा हुआ
ग़रीब लड़के का उदाहरण
मुझे देखकर मुस्कुराया

मुझे रोना आया।

शरारतन मैंने मुड़कर देखा एक पेड़ को

शरारतन मैंने मुड़कर देखा एक पेड़ को
जिस जगह मैंने छोड़ दिया
छूट गया जो
छूट गये जहाँ
कहीं के भी पहाड़, मकान, गली–कूचे
सब हैं वहीं वहीं पे
स्मृति में भी उसी तरह
उसी भौगोलिक स्थिति में।

उदाहरण के लिए
स्मृति में तालाब एक
गहरा भरा हुआ पानी स्थिर
वह गीला पत्थर

उसके पीछे का
एक और सूखा चिकना चौरस पत्थर
जिस पर बैठकर देखा करता
किनारे के उथले पानी में
छोटी-छोटी हलचल।

तालाब के किनारे
एक ओर घनी झाड़ियों में
पानी की ओर झुकी
एक अलग टहनी पर
लम्बी चोंच वाली चिड़िया नीली
अभी, इस समय
तालाब का उदाहरण देते-देते जैसे
आकर बैठी सजग चौकन्नी
बैठी है उसी टहनी पर
तब भी लगता रहता है
उदाहरण के पूरा होने के पहले
उड़ न जाये कहीं बीच से।

तैरना न आने के कारण
लगता है स्मृति में
तालाब में डूब जाने का डर
तैरना न सीख पाने के कारण अब तक
स्मृति के अलावा भी होगी क्या मेरी हिस्सेदारी
यदि डूबने का ख़तरा कोई ?

आ रहा जो उस पार से धीरे-धीरे
लड़का छपक-छपक एक
यहाँ पच्चासों मील दूर मुझ तक
मैं यहाँ नहीं बैठा
बैठा हूँ तालाब के इस तरफ़
पर उस लड़के से मुझको हिम्मत

मैं कूद गया तालाब में
पहले की तरह।

तालाब के बिलकुल पास
पश्चिम की दिशा में
एक कपड़े की मिल है
ऊँची चिमनी से
दिखता है निकलता हुआ धुआँ जिसका
लहराता-सा लगता
धुएँ का काला झंडा
आकाश की हवा में
बादल की तरह एक धुंध काला
सूर्यास्त के रंगीन आकाश के समय
ज़्यादा ख़राब लगता है
कि चिमनी के धुएँ का
काला नक़ाब लगाया हुआ दिशा पश्चिम
लुटेरा दिन-भर का
पहचाना हुआ
पर अजनबी ख़तरनाक लगता है।

आकाश को निशाने में लिये
एक विशाल तोप की तरह इस चिमनी से
दोपहर का सूरज
दगा हुआ
ऊपर-ही-ऊपर जाता रहता
आधा चीरता दिन
फिर आकाश की दूरी से हार
गिरने लगता वापस
पश्चिम में कहीं शाम-
मज़दूरों की ज़िन्दगी का रोज़-रोज़
वर्तमान एक दिन का
और पूरी रात जैसे

भविष्य उम्र-भर का
और सुबह का सूरज
लौटा हुआ कारगर हथियार है
हत्यारा ज़िन्दगी भर का
पहचाना हुआ
पर अजनबी
पहले से ज़्यादा ख़तरनाक है।

सूरज दगा हुआ दोपहर का जब होता
तभी गूँजने वाला होता
मज़दूरों की खाने की छुट्टी का
चेतावनी सायरन
कि जो भी जैसा जितना
जिसके पास खाने को है
या कुछ नहीं किसी के पास खाने को
तब भी यह खाने की छुट्टी है-
दस-पाँच मिनट की नहीं
पूरे एक घंटे की है।

इसीलिए इस वक़्त
दूर से खाना लेकर
जो भी या जितना लेकर
कुछ नहीं होता तो भी, कुछ तो लेकर
औरतों, बच्चों की
नहीं घरवाली, बेटियों-बेटों की टोली आती दिखती
एक-एक कर
आसपास के गाँवों
और कुछ दूर बसे
मज़दूरों की बस्ती से।

और सिर पर बोहे हुए चमकते दूर से देखते
काँसे, पीतल के लोटे ऐसे

मज़दूर पति, मज़दूर पिता, मज़दूर भाई के लिए
कि या तो चमक ही कोई आकार लोटे का
जिसमें भरा हुआ कुएँ का पानी साफ़
या उजाले की प्यास
भरी दुपहरी में
अँधेरी ज़िन्दगी को बहुत
कि बहुत प्यास की चमक
काँसे के लोटे में भरी हुई
पर लोटा फूटा है
और फूटे लोटे से
रिसकर बाहर चमक चौंध
हमको दिखती है।

यदि नाक की फुल्ली चमकी
तो इसका मतलब
उस लोटे से रिसकर एक बूँद चमक
पीतल की फुल्ली पर टपकी
फिर काँच की चूड़ी में
गिल्लट के कड़े, तोड़े
मुँदरी, पैरी में, बूँद-बूँद
क़िस्मत पर मुझको विश्वास नहीं
पर लोटे के फूटे होने का
मेरा शक स्वाभाविक।

तालाब के बाईं ओर
खुले समतल बिना पार के कोने की तरफ़
बाँस में ऐंठी बँधी रस्सियों में
सूखते कपड़ों की धूप-छाया में
चार माह का धोबिन का बच्चा एक
कथरी पर लेटा
जागा हुआ
अपने ऊपर फड़फड़ होते

कपड़ों को देख
हँसने लगता है।

ख़ुश होकर पटकता है वह
ज़ोर-ज़ोर से हाथ-पैर
अचानक डरता है
जब हवा से
कमीज़ का पेट फूला
छाती फूली चौड़ी
बाँह फूली लम्बी
नीचे-ऊपर होती
इधर-उधर फिर
एक बाँह रस्सी पर अटकी पिचक गई
दूसरी बाँह ने
अपनी छाती पर मारे घूँसे
खुली हुई बटन पतलूनों की
और शर्ट की।

तौलिया फड़फड़ाता
तौलिये के जानवर जैसा
भूरा, टर्किश, रोयेंदार गीला
फड़फड़ाता रूमाल
जानवर रूमाल जैसा, छोटा चौखड़ीदार।

सूखते धुले ये साफ कपड़े
धोबिन के बच्चे को
डराते हैं रोज़-रोज़।

आकाश की नील में डूबकर फैले
सफ़ेद बादल भी डराते होंगे
धोबिन के बच्चे को कि
आसमान पर टँगे अजीब परिधान ड्रेस

कमीज़ पतलूनों जैसे
भयानक जानवरों के खोल कपड़े
अर्जेन्ट आर्डर की जल्दी में
सूरज के एकदम पास सूखते
अथवा सूरज
गर्म आयरन इस्तरी
कपड़े की बनाने को कड़क क्रीज़
बादलों की सल उतरती–
सुबह पूरब से पश्चिम तक
इसी तरह इस्तरी चलती
कि ज़िन्दगी ख़ास जितनी
कड़क क्रीज़दार उतनी।

चूँकि मुझे मालूम है
कि घूमती है पृथ्वी
धुरी पर अपनी
और सूर्य के चारों तरफ़ भी
इसीलिए ज़मीन पर पड़ा
डरा, रोता धोबिन का बच्चा
मुझे ज़मीन पर नहीं
पृथ्वी पर लगता है
कि पृथ्वी दुनिया के सारे
ग़रीब बच्चों को गोद में लेकर झुलाती है
लगाती है चक्कर
अपने अन्तर के कोने-कोने में
और परिक्रमा करती है साथ
सूर्य का मेहनत से
कि दिन और रात से बड़ा करती है।

धोबिन अपने बेटे से बेफिक्र
लेकिन फिक्र है कपड़े फचीटते
कि कपड़ा साफ़ और ठीक धुले।

कपड़ों की धूप छाया में
धोबिन ने बच्चे को
क्या छोड़ा है जानबूझकर
कि उसके रोने
या हाथ-पैर पटकने के कारण
चिड़ियों, कव्वों से रखवाली होगी
डरकर उड़ जायेंगे सब
नहीं तो रस्सी पर टँगे
धुले कपड़ों पर बैठने से
पंजों, बीट से गन्दे हो जाने का रहता डर !

हाय-हाय मैंने देखा
बच्चे के गालों पर
तमाचे मारती कमीज़ की बाँह की काली छाया
पतलून के पैरों की छाया उसकी छाती पर
बच्चे को कुचल देने की चिढ़।।

घंटों कपड़े फचीटती
घुटनों तक पानी में खड़ी धोबिन
तालाब के ऊपर
खाना लेकर इकट्ठी औरतों को देख
कि अब बजने ही वाला है
मज़दूरों की खाने की छुट्टी का संकेत
उसका भी
अपने बेटे को
दूध पिला देने का हो आया मन इसीलिए-

वह लौट पड़ी बच्चे की तरफ़
-गीले पैर गीली जाँघें उसकी
साड़ी कसकर बँधी ऊपर
हर एक क़दम पर
जाँघों पर अटकीं पानी की कुछ बूँदें

झर जातीं ज़मीन पर
हमेशा नहाया हुआ-सा
गठीला शरीर
धूप में चमकता चेहरा गीला
पानी के छींटों और पसीने से भीगा
बालों पर भी फुहार-सी नन्ही बूँदें
चलते-चलते निचोड़कर साड़ी को झटकारा था-
साड़ी डली हुई अब कन्धों पर
एक कुत्ता बच्चे की तरफ़
बढ़ने वाला था
ताक कर वहीं से उसने पत्थर फेंका
रास्ते पर रेंगते एक केंकड़े को
उठाकर तालाब में फेंका वापस।

वह लौट पड़ी बच्चे की तरफ़
दूध से भरे स्तन
चोली-ब्लाउज़ कहाँ पहना
बहुत प्यार से रोते बच्चे को गोदी में लेकर
दूध पिलाने
और साथ-साथ थोड़ी देर सुस्ताने
वह बैठ गई वहीं ज़मीन पर
वह बोली बेटे से कुछ सुस्ताकर
जैसे बहुत ज़रूरी बतलाना बेटे को-
कि आज काम बहुत है
बहुत धोये कपड़े
लौटकर जलाना होगा चूल्हा
बाप उसका दूसरे तालाब से
लौट आया होगा
आज काम में देर हुई
कपड़े ज़्यादा
और कमर में दर्द बहुत
उसका बेटा माँ के पुष्ट स्तनों के ऊपर

रिस आये पसीने के स्वाद को
चखता होगा दूध पीने से पहले
दूध पीने का उसका अनुभव निश्चित इसी तरह का।

—सायरन के बजते ही
चौंककर उड़ जायेगी चिड़िया
पर कहाँ जा सकेगी
मेरी स्मृति के
अनन्त पिंजड़े से
नहीं अनन्त खुली दुनिया से
उड़कर बाहर
मेरे एक छोटे उदाहरण से।

दूर-दूर सुनाई देती है जिसकी आवाज़
सुबह पाँच बजे बजने वाला पोंगा पहला
समय हो जाता
और नहीं बजता किसी हड़ताल-तालेबन्दी के कारण
मालूम हो जाता सबको
पोंगे का न बजना सुबह पाँच बजे
उसी तरह जैसे पोंगे का बजना सुबह पाँच बजे
जहाँ तक सायरन की आती आवाज़
वहाँ तक
बिन बजने की फैल जाती निस्तब्ध ख़ामोशी
लेकिन पोंगे की आवाज़ की सीमा के बाहर भी
फैल जाती ख़बर हड़ताल होने की
इक्के-दुक्के हल्ले से
जिस तरह शहर जागता
तब पूरा शहर जागता
जैसे पाँच का पोंगा सुन
जागने वाली माँ
जाग जाती पाँच बजे बिना पोंगा सुने अपने ही आप
लेकिन काम करते हुए

दूसरे पोंगे पर ध्यान बराबर उसका होता।

घंटे बीतने लगते
तब भी चिमनी ठंडी रहती
निकलता नहीं धुआँ
पश्चिम रहता बिलकुल साफ़
वहाँ होता बस एक छोटा चमकदार तारा
पता नहीं कब निकला
क्यों दिखा
मतलब क्या
आकाश के अनन्त शाम के
फीके अँधेरे की तुलना में
एक बिन्दु इतना उजाला
या उजाले का केन्द्र बिन्दु
चिमनी के धुएँ के कारण
पहले शायद भूला-सा लुप्त
आकाश इतनी राख के अन्दर
सुरक्षित छोटी चिनगारी।

धीरे-धीरे, अँधेरा होते ही
काली चिमनी
अँधेरे से मिलकर
एक ऐसी ऊँचाई लगती
जिसकी अन्तरिक्ष की गहराई तल में
वही बिन्दु तारा है
फिर एक-एक कर चिमनी के अन्दर आकर
भर जाते तारे अनगिन
छलकने-छलकने को तारे होते तब
चिमनी के मुँह पर धीरे से
लग जाता आकर चन्द्रमा का गोल ढक्कन
अब नहीं अन्देशा तारों के नीचे गिरने का-
आकाश में इस तरह चाँदनी फैली।

या चिमनी प्रकाशित तारों से
स्तम्भ उजाला दिखता दुनिया के कोने-कोने से
कि अब तैयारी पूरी हुई
जब मिल चालू होगी
तो उद्घाटित होगी
समर्पित मज़दूरों को
सजावट उसी की
जगा दूँ माँ को
माँ, देखो !
खटिया से सिकुड़ी सोई
गहरी नींद में देख रही माँ
मैं देख रहा जो।

मिल के चालू होते ही
गोल ढक्कन चन्द्रमा का खुलकर
आकाश में एक तरफ़ शरद पूर्णिमा जैसे
निकलीं लहराती किरणें चिमनी से
लहराता धुआँ चमकदार किरणों का
आकाश में इकट्ठा होकर किरणों का बादल
उजली धुँध, सन्नाटा उजाला आधी रात
तालाब उजाला गहरे तक
किनारे के उथले में चमकदार
छोटी-छोटी मछलियों की
चमकदार छोटी-छोटी हलचल।

—इसी साँय-साँय में
धोबिन अपने बेटे को सुना रही
बिलकुल यही कहानी
इतनी रात गए तक।

—लगातार सायरन के बजने पर
ध्यान लगा होने से

सायरन के बजते ही
जी होता धक् से
फिर मिल के पास उसकी आवाज़
इतनी ज़ोर सुनाई देती
कि बन्द होने के बाद
आसपास और ज़्यादा हुए सन्नाटे का अनुभव होता–
कव्वे के काँव-काँव की तरफ़
बेवजह ध्यान जाता
सुनाई देती सड़क पर गुज़रती तब
साइकिल घंटी
भैंस चराने वाले राउत की बाँसुरी
लाउड स्पीकर से दूर गाना
या सन्नाटे में
मन के बहुत ज़रूरी ख़याल
बहुत से दबे मामले ज़िन्दगी के
एकसाथ अचानक याद आते हैं।

–हिल रही है
तालाब के पानी की ओर झुकी टहनी
सायरन के बजने से
चौंककर चिड़िया उड़ी होगी
उसी तरह छाती में धक्-धक्
एक याद सायरन के ज़ोरों की आवाज़ से
एक याद चिड़िया की उड़ी,
उड़ी जा रही ज़ोरों से
जब तक बजता रहा होगा
डरी उड़ती रही होगी चिड़िया
सायरन के बन्द होने के बाद भी शायद कुछ देर उड़ती रहे।

कब आयेगी वापस ?
रुक जायेगी हिलते-हिलते टहनी अब
रुक जायेगा ज्यों

हृदय धड़कने से
बस चलता तो
डरी काँपती टहनी भी उड़ जाती चिड़िया के साथ
और कर जाती ख़ाली एक जगह
एक झुकी टहनी इतनी
एक झुकी टहनी जैसी
घनी झाड़ियों में।

छूटकर रह गई टहनी जो
लगती मुझको
लौटने की आशा एक, टहनी जैसी हो
पानी की ओर झुकी
यदि लौटने में देर बहुत होती
तो इसी लौटने की और आशा से
निकल आते टहनी में
दो-एक हरे पत्ते
और खिल जाता फूल बैंगनी
या छू लेती पानी को
पानी की ओर झुकी टहनी।

कब की आशा से इसीलिए
एक झाड़ी में ही कितने पत्ते
गुच्छे-गुच्छे फूलों के
और पास ही एक चट्टानी दरार से निकली हरी दूब
शरारतन पत्थर के होंठों में दबी
जीवित मुस्कान की दरार से।

—उधर सायरन के बजते ही
पार के ऊपर
आम के पेड़ों के नीचे बैठी
इन्तज़ार करती मज़दूर औरतों में भी हलचल
बँधी पोटली खुलने लगती

पानी डूबा भात बटकी के अन्दर
मिर्च हरी, गाँठ प्याज़ की पूरी
और नमक देहाती थोड़ा
इतना बस।

कुछ दिन पहले गौने में आई जो
वही खड़ी हो गई बेसब्री से शरमायी
बस उसके पास
अथान आम का
पास पड़े पत्थर के ऊपर
डल्ला नमक उसने ही पीसा
बहुत साँवली वह
कि गोदना दिखता ठुड्ढी का
जब देखो उसको बिलकुल पास
कसकर बँधी चोटी में
लाल हरे फुन्दरों का गुच्छा
ज़्यादा चूड़ी
पैरों में पैरी।
वह देख रही
कि विशाल लोहे के गेट से
आ रही मज़दूरों की भीड़
एक थकी हुई ताक़त से भरा बाँध
टूटने-टूटने को हो उसके पहले
गेट खोल दिया गया
ऐसे ही खुले गेट से।

इस सायरन के बजने से
बहुतों के मन में है भारी उथल-पुथल
अब छँटनी और रोज़ी-रोटी का
रोज़-रोज़ का डर
कैसी होगी ख़बर आज की
माल जमा है, घाटे में मिल

बोनस या पगार बढ़ाने की
कह सकता है कैसे कोई
जब मिल बन्द कर देने का इरादा मालिक का सबको मालूम है।

तालाब की तरफ़ आते हुए मज़दूरों का
सुनाई देता कोलाहल हल्ला
कुछ पास होते हैं तो
सुनाई देता बातों में
कुछ ज़ुल्म, हड़ताल सरीखा
कपड़ों बालों में जमी रूई उनके
जब और पास वे होते
भौंहों-पलकों में भी जमी हुई रूई दिखलाई देती,
पर अलग-अलग पहचान लिये सब
एकसाथ, बढ़ते आते हैं नज़दीक।

सब कुछ रहता चारों तरफ़ बिलकुल कल जैसा
कुछ नहीं फ़र्क होता
पर जिसकी छँटनी हो जाती कल
गैरहाज़िर वही आज होता
नहीं होती उसकी घरवाली खाना लेकर
इस वक़्त झोंपड़ी में होते
रोज़ी की तलाश से वापस निराश दोनों
लेटे होंगे ज़मीन पर पास-पास
सहलाती होगी वह
घरवाले का माथा
निकाली होगी दुख भरे प्यार से
कल की रोज़ी की कानों में जमी रूई मिल की
पर कई दिनों की बेकारी के बाद तक
कपड़ा मिल के मज़दूरों की नाभि में
चिपके रह जाते हैं, रेशे रूई के
और फेफड़ों में, खाँसते-खाँसते मरते तक।

–एकदम स्थिर है
पानी की ओर झुकी टहनी
मैं नहीं चाहता आकर बैठे चिड़िया
जबकि दूसरा सायरन बजनेवाला।

लौटने लगे मज़दूर खा–पीकर
अब तो पहुँचते होंगे मिल के मेन गेट तक
तालाब से जूठे बर्तनों को धो–धा के
लौटने लगी औरतों की टोली
कि दूसरा लम्बा सायरन
बन्द होने के बाद जिसके
सन्नाटा और कुछ ज़्यादा देर
इस सन्नाटे में
सिसकी की एक आवाज़
इस तरह सुनाई दी
कि दुनिया में
मर गई सारी आवाज़
बस, यही एक आवाज़ बची।

तालाब के निर्जन कोने में
बर्तन माँजते–माँजते
रोती जाती वह छोटी–सी लड़की एक
बाप ने
उसकी पीठ पर मारे घूँसे
गालों में चाँटें
बाल पकड़कर खींचे कई बार
टोली की दूसरी औरतों ने रोका
नहीं तो सच में वह
लड़की को मार डालता
पर ऐसा क्यों जबकि वह
अपनी बेटी को बहुत प्यार करता ?
भात वहीं पकाती

माँ के मरने के बाद
पानी भी नहीं छलका कभी
सिर पर रखे लोटे से
पर आज, गिर पड़ी कहीं
गाँठ ज़्याज की पोटली से
क्या उसको इतनी मार पड़ गई इसीलिए ?

—मेरी स्मृति में अब तक वह गाँठ प्याज़ की
नहीं ! मेरे दिमाग़ में
उठते बार–बार विचार
परतों–परतों में गाँठ बनाते
दिमाग़ में ट्यूमर जैसा
कैसा जीवन अनुभव
मरणासन्न जीवन को
जीने का तकलीफ़देह
पता नहीं कहाँ
वेल्लूर, वेलिंगटन
जा सकते कितने कौन वहाँ
डीप एक्सरे थेरेपी, कोबाल्ट, ऑपरेशन
मर जाना निश्चित ऐसी गाँठ
अरे ! इसका तो इलाज
ख़ात्मा, शोषण का
वहीं वहाँ जिससे पनपा।

बहुत तकलीफ़देह ज़िन्दगी में
कुछ कम तकलीफ़देह समय के जैसा
वह पेड़ आम का
शरारतन मैंने जिसको मुड़कर देखा
पा लूँगा उसको उसी जगह
वहीं पर
इस तरह बीता।

भरी दुपहरी में वह पेड़ इन्तज़ाम कोई
अब भी इन्तज़ाम कोई उसी तरह का
शाखाएँ पत्तियाँ भी ख़ूब
आती–जाती हवा तरह–तरह की
कभी शाखाएँ हिलतीं
कभी दो–एक पत्ती
कभी यह भी नहीं
कभी कुछ भी नहीं।

–भूल जाते हैं
जिन मकान गली–कूचों को
भूल जाने से
ग़ायब तो नहीं होते
होते हैं वहीं–वहीं पे
जहाँ वे छूट गये होते
नहीं लौटता तो भी रहते स्थापित
अब नहीं लौट पाऊँगा इस कारण से
छूट जाने वाले किसी पेड़ की छाया में
खड़ा हो जाऊँगा कुछ थोड़ी देर
इस तरह, छूट जाने वाले पेड़ के साथ
मैं भी छूट जाऊँगा
कुछ और थोड़ी देर
किसी उभरी जड़ को तकिया बनाकर
लेट जाऊँगा, मूँद लूँगा आँखें
बहुत प्रेम जिनसे
रह लूँगा साथ उनके।

छूट जाने वाले मैदान में
बैठ जाऊँगा एक पहाड़ की तरह
साथ छूट जाने को
हमेशा के लिए
कि अब हिल भी नहीं सकता

टस से मस नहीं होऊँगा
कहीं नहीं जा सकता
कहीं नहीं जा सकता
कहीं नहीं जाऊँगा
पैरों के नीचे की ज़मीन
ढलान होने तक
आख़िर लुढ़कने से अच्छा
चल पड़ूँगा स्वतः ही
वहीं, जहाँ से
फिर चढ़ाई शुरू होनी है
पैरों के नीचे की ज़मीन शिखर।

लगभग जयहिन्द

रौबदार आदमी ने दो सोने के दाँतों की जँभाई ली
मुझे भी जँभाई आने लगी
एक आलीशान आश्चर्य की चर्चा हुई
उसमें भी विस्थापित टिपरिया होटल में
मेरा छोटा भाई तश्तरी प्याले धो रहा था
मैंने उसे दो लात लगाई और ठीक बायें मुड़कर
ब्राह्मण पारा की एक गम्भीर मोटी दीवाल से
सटकर चलता गया–
रिश्तेदार मुझे दबाकर चलाता था
खड़े–खड़े मैं घसीटा गया
थककर नीचे बैठते ही
दीवाल और ऊँची हो जाती थी
छलाँग लगाने की मेहनत की तरह

फिर जीवित दिखने के लिए
इधर-उधर हिलते हुए
थोड़ी-बहुत कोशिश
छलाँग लगाने की
जिसमें ख़ास-ख़ास लोगों के लिए
दीवाल के बीच चार कीलों से ठुँका
अपना ही इकतीस साल पुराना
कपड़े पहने हुए
मात्र छलाँग लगाता हुआ एक फ़ोटो ही
फ़ोटो में बायें हाथ से
कमीज़ की जेब दबाए हुए
जेब में अठन्नी थी
या फ़ोटो में बचत की
आठ आने की स्थिरता
और सामने चहल-पहल करती आबादी
आठ बजे रात को चली गई
मैं वहीं रहा वाला मज़ाक करता हुआ
हँसोड़ दोस्त, ब्राह्मण पारा की
गम्भीर मोटी दीवाल से
पलस्तर उखाड़ता, भागता हुआ
चौखड़िया पारा जायेगा या मसानगंज
पलस्तर के उखड़ने से
मुझे गुदगुदी होती थी
ईंटें उखाड़ेगा तो हँस दूँगा
जैसे हँसना एक गोरिल्ला उदासी होकर
एक ज़बर्दस्त तोड़फोड़ की कार्रवाई की तरह ठहाका मारना
जिसमें ब्राह्मण पारा की गम्भीर मोटी दीवाल की जगह
समतल मैदान वाला खेलकूद वाला मज़ाक करता हुआ
हँसोड़ दोस्त-
चर्चा ने मुझे इस तरह उखाड़ा
कि मेरी पूरी बाँह की कमीज़ उस दीवाल पर फैली थी
कमीज़ की दोनों कलाई पर कीलें ठुकी थीं

आराम करने के पहले
जिस कील में मैं कपड़े टाँगता था
वह भविष्य नहीं था
निश्चय ही हमारा भविष्य नमस्कार हो गया
जाते वक़्त जयहिन्द था
लगभग जयहिन्द
सरासर जयहिन्द
एक राजनीतिक नमस्कार भाई साहब !
खुदा हाफ़िज़ सैयद गुफ़रान अहमद !!
हर बार धक्कामुक्की में अदब के साथ मुस्कुराकर
पट्टेवाली चड्डी पहने हुए मैं अलग हुआ
कन्धे पर तौलिया हो गई
जँभाई हो गई
सुबह–सुबह नहाना हो गया
साबुन की एक बट्टी हो गई
बायें नहानी घर हो गया
दाहिने पेशाबघर होगा
चड्डी में पत्नी की फटी पुरानी साड़ी की
मज़बूत किनार के नाड़े में गठान लगाता हुआ
परिवार हो गया
या एक लम्बी क़ीमत दिमाग़ में नाड़े की तरह पड़ी हुई
जिसकी गठान खोलने या तोड़ने की कोशिश में
मेरी हर चाल क़ानून के गिरफ़्त में थी
सोचते ही विचार कमीज़ और पतलून पहनकर खड़ा हो गया
हाय ! मैं चड्डी पहनकर अलग हुआ ?
क्या सौम्य भुखमरी थी ?
कि ख़ानसामा अच्छा खाना बनाता था
मैं नागरिक हो गया
या अनिमन्त्रित रह गया
दिमाग़ के पिछवाड़े की दीवाल फाँदकर
कचहरी के पिछवाड़े के घूरे में उतरकर
ज़िन्दगी दफ़्तरी उपस्थित हो गई

हा! हाय ! आँखों को बाँधी गई पट्टियों की
बनी हुई पट्टे वाली चड्डी में
कचहरी का न्यायाधीश नाड़े डालता हुआ बैठा था
और ऊपर की खिड़की से चमकीला बिल्ला लगाये
अर्दली मुझको घूरता था
क्या मैं दुमंज़िले से नंगा दिखता था
अर्दली ने मुझको कचहरी के घूरे से
पुराने कार्बन कागज़, शासन सेवार्थ लिफ़ाफे
पुरानी सरकारी टिकटें ढूँढ़ते देख लिया था
इसी कार्बन कागज़ से
मेरे छोटे भाई की शक्ल
मुझसे मिलती-जुलती थी
कार्बन कागज़ से रौबदार आदमी का लड़का
हुबहू रौबदार आदमी हो गया
लेकिन मैं अपने बाप की तरह नहीं था
मैं अपने दोस्त की तरह नहीं था
मैं अपने दुश्मन की तरह नहीं था
मैं संविधान भूल गया था
न्यायाधीश की नाक बहुत लम्बी थी
मेरी नाक बेढँगी थी
क्या शक्ल थी !!
खाना खाने के बाद पान के ठेले वाली दृष्टि
या भूख लगने के बाद जँभाई वाली दृष्टि
मेहनत हुई तो आँखों की जगह खुराफ़ाती दृष्टि
नुकीली तेज़
अपने को ही आँखों की जगह चुभ रही थी
दौड़-धूप हुई तो ब्राह्मण पारा से भागता-भागता
हँसोड़ दोस्त ईदगाह-भाटा तक चला गया
मैं नौकरी की तरह सड़क में बायें चलते हुए
नौकरी की तरह बायें चलता रहा
नौकरी की तरह पाँच घंटे सो लिये
नौकरी की तरह चार अख़बार पढ़ लिये

राम टाकीज़ या सोचकर कृष्ण टाकीज़ हो लिये
फ़ुरसत के समय सड़क के बीच आकर
टेनिस के खेल के मैदान से दो मील दूर
आने-जाने वाली मोटर गाड़ियों
और भीड़ से होने वाली दुर्घटनाओं से
बचने का अभ्यास करता हुआ पाया गया
न टाँग टूटी, न हाथ टूटा, न विश्वविद्यालय, न कृष्णा टाकीज़
न डाक बँगला, न दिल्ली, न बनिया पारा
सही-सलामत होता हुआ, इतना ठहरा हुआ भागा
कि एक पूरी की पूरी
चहल-पहल-आबादी
मेरे पैरों से विस्थापित हो गई
मैं पिछड़ गया
या एक तीन मंज़िला मकान ही
मेरे पैरों से चल रहा होगा-
बोझ लादने में बेईमानी की हद है
जबकि तीन मंज़िला मकान के
केवल दो कमरों में रहता था
जिसका एक पूरा का पूरा कमरा पाखाना था-
जब भी लौटता था
मेरा हँसोड़ दोस्त मेरे पेट की ख़राबी का
मज़ाक उड़ाता था
या शक़्ल पर ज़रूरत से ज़्यादा कटे हुए बाल का
सोनारपारा से आते-आते रौबदार आदमी के बाप के बाल
चाँदी की तरह सफ़ेद थे
चाँदी और सोने की दुकान में
शायद बाल कटवाने घुसा होगा
मेरा बाप खिज़ाब लगाकर
मुझे सब्ज़ी बाज़ार में ढूँढ़ता रहा
लेकिन उसे मेरा छोटा भाई मिल गया
ईंटें पर बैठकर नउव्वे से सिर घुटाता होगा।

कितना कुछ नुकसान हानि

कितना कुछ नुकसान हानि
दस रुपये के नोट का
पत्नी से खो जाना
ठीक से उसका
खाना न खाना
इतना दुःख
या भूल गई वह
नोट कहीं सुरक्षित रख
जान–बूझकर
कि जब तक याद नहीं
तब तक जमा रहेगा।

इसी हड़बड़ी खोजबीन में

तोड़ दिया मैंने
चीनी का प्याला
एक और नुकसान हानि
घाटे पर घाटा सुबह-सुबह
जबकि घर के दरवाज़े की
चौखट के आजू-बाजू
लाभ-शुभ सिन्दूरी लिखा हुआ
पत्नी के द्वारा
बेकार टोटका
नुकसान बार-बार
अच्छा-खासा
ज़िन्दगी का।

गया दस रुपये का नोट
यानी पाँच किलो चावल
या सात किलो गेहूँ
पन्द्रह दिन का दाना-पानी
या नगदी के पन्द्रह दिन गये
उतने ही दिन बदले में
और जुड़ गये उधारी के,
जीना उधारी का इतना कुल नुकसान
वसूल लिए जाने का डर
मर जाने का डर

—परन्तु कोई ज़रूर नफ़े में
बहुत मज़े में,
व्यवहार की दुनिया में,
जिसकी चौखट के आजू-बाजू जैसे
पूर्व दिशा
सिन्दूरी सुबह
लिखा हुआ वाकई 'शुभ है'
और 'लाभ' सिन्दूरी अक्षर

पश्चिम-शाम का सच।

उत्तर की दिशा
चौखट के अन्दर
एक विशाल कमरे-सी दिशा
उस कमरे के दरवाज़े का
बादल परदा
जब सरका होता है
तब सप्तऋषि तारों का
पूरे ब्रह्मांड में अनोखा
क़ीमती पलंग दिखता है
दुनिया के व्यापारी का बेडरूम
नींद में जहाँ सुख से
एक और नींद सोता वह
उन सबकी नींद
जो सो नहीं पाते
ग़रीबी और भूख में।

पेट भरे होने पर
खाता रहता
भूख ख़त्म होने पर भूखा
जमाखोर जानवर
भयानक सबसे
आदमखोर शेर भी जबकि
हमला करने की नहीं सोचता
भरे पेट
दूर-दूर अलग-अलग
ऊँचे-ऊँचे चलते रहने पर
चलना उसका
चौड़े रास्तों
चौराहों सड़कों पर
चाल बदबूदार गली कूचे की

जागते रहने पर
जागना चौकस
उन सबके हिस्से का
फ़िलहाल जो इसीलिए
बीमार बेहोश थके
बेपढ़े लिखे अधनंगे।

सप्तऋषि पलंग के सिरहाने
हाथ बाँधे कुछ दूर
ध्रुवतारा खड़ा दिखेगा
बुझा-बुझा
हुक्म बजा लेने को मजबूर
बिलकुल तैयार
रात भर
बिना हिले-डुले मुस्तैद
स्वामिभक्त
इतना स्थिर
कि हमारा दिशासूचक
तय होते जिसके कारण
मजबूरी के
समुद्री, हवाई, मैदानी रस्ते
भारवाहक हवाई जहाज़
जहाज़ पानी के
मालगाड़ी
ट्रक, ठेले हम्मालों के
सब जाते हैं अपनी मरज़ी से जैसे
पर जाना पड़ता
उसकी मरज़ी से।

क्यों जाता है आख़िर
दुनिया भर का
बोझ उठाने वाला

जाने-पहचाने रस्तों से होकर
आदतन जैसे
गन्दी नालियों के किनारे
म्युनिसिपैल्टी के कचरे की ढेरी पर सोने।

हाय ! उसका बिस्तर
टूटी बोतलों
गिलासों के काँच टुकड़े
पाखाना, नाले की लद्दी, बदबू
कूड़ा-कर्कट
सिरहाने फटा हुआ बोरा रख।

जबकि मेहनत करने वालों की तकिया
मैंने सोचा चन्द्रमा है
और फैलकर सो सकने को
पूरे आकाश में बिछा
बादलों का गुलगुला बिस्तरा
पृथ्वी के सारे फूलों की ख़ुशबू
उठकर
उसके लिए
तब शायद ऊपर से लगेगा
अगरबत्ती से निकलता हुआ धुआँ-सा
दुनियाभर के कारख़ानों की चिमनी से,
और पृथ्वी में
शुभ कार्य हुआ सा होगा
जब काम करने वालों का
यह सब कुछ होगा
कथा मेहनत की होगी।

मैं क्यों न सोचूँ
यह सब कुछ
जबकि दो-दो तीन-तीन दिन भूखे रह

पृथ्वी को सँवारने
अकेली उसकी मेहनत जीवन-भर
पर हाय ! हाय !
सिकुड़ा पड़ा हुआ
कचरे की ढेरी पर
स्वप्न में देखता
उसी तरह आकाश
और ध्रुव
दिशासूचक ऐसा
कि उसी कचरे की ढेरी तक
जागने में पहुँच गया।

ग़रीबी सच
व्यापार की दुनिया में
पृथ्वी बहुत भारी मेहनत से
यह भी सच है
कि तराज़ू के एक पलड़े में
भारी होकर पृथ्वी नीचे
और आसमान टँगा हुआ
दूसरा पलड़ा है
चन्द्रमा और सूरज के बाटों के साथ।

व्यापारी की चिन्ता सच है
कि इतने सारे
तारों के ग्रामबाटों के बावजूद
आसमान के पलड़े में
कुछ और होते
पाँच-दस चन्द्रमा सूरज के वज़न
तौलकर
बेच देने के लिए
ख़रीद लेने के लिए
कोशिश इसीलिए यह

कि बची-खुची ज़मीन बेचकर
खेतिहर
एक-एक कर
ज़मीन से अलग कि
जहाँ भी खड़ा
वहीं कूड़े में फिंका हुआ
एक घूरे के बाद
दूसरे रद्दी घूरे में
जाने की रफ़्तार से
चलता हुआ
कभी नहीं रुका
गिरता हुआ
सम्पूर्ण पृथ्वी से
क्या ऐसे में
हो जाती होगी पृथ्वी
हलकी तुल जाने के लिए !!

तारा टूट जाता है
गिर जाता है
अपने गिरने की
कुछ लम्बाई तक जलता
दिख जाता है कभी
पृथ्वी से कई गुना बड़े
सूरज से ज़्यादा जलते
न मालूम कितने
गुमनाम अजनबी तारे
टूट जाते हैं
कौन परवाह करता है इसकी !!
पर एक बेदख़ल खेतिहर
मज़दूर ग़रीब
चाहे हो कहीं अँधेरे में
गुमनाम अजनबी-सा

उसकी परवाह बहुत अब
परवाह एक दूसरे की सबको कि–
जिनको होना था एक जुट
होने को अब एक जुट
जिनको होना था ताकतवर
होने को अब ताकतवर
जो होनी थी आशा
अब है उससे ज़्यादा
जिनको पूछने थे सवाल
पूछने को सब तैयार
जिनको देना था जवाब
देना ही होगा
जिनको माफ़ नहीं किया जाना था
उनको माफ़ नहीं किया जायेगा
जिनको प्यार किया जाना था
करते हैं जीवन से ज़्यादा।

ये दिन और दिनों से ज़्यादा दिन
रात और दिनों से ज़्यादा रात
इसीलिए ध्रुवतारा
और दिनों से ज़्यादा
चमकदार प्यारा
स्थिर लाल
या मुझमें कोई
परिवर्तन स्थिर।

ऐसा कुछ
सम्भव ध्रुव है
कि हाथ बाँधे
गुलाम नौकर–सा
कठोर काला
जिसकी

भुजाओं की मांसपेशियाँ
पसीने से चमकती हुई
बँधे हाथ
खुलते हुए
झुका सिर
उठता-सा
चेहरे पर शान्ति
पर निश्चय दृढ़
सप्तऋषि तारों की चारपाई से उठाकर व्यापारी को
ज़मीन पर फेंक देने की मुद्रा-
हमारा दिशासूचक
भटकने से रोकने वाला
जागने के आकाश का
वही स्वप्न का भी।

दृढ़ निश्चय से चमकते हुए-
एक दूसरा तारा भी
तीसरा चौथा
एक-एक कर सभी
सबके बँधे हाथ खुलते हुए
झुके सिर उठते से
सबके चेहरे पर शान्ति
इकट्ठे कितने तारे
मेहनत करने वालों की
दुनिया के आकाश में
ऐसे ही चमकीले
चाँदनी खिली।

देखकर ध्रुवतारा
रास्ता पाते ही
कदम बढ़ाने के पहले
सबसे आगे का मज़दूर

उठायेगा
ज़मीन की गीली मिट्टी जब
तब उसकी मुट्टी में दबकर
मिट्टी में होंगे निशान गहरे
हथेली के गट्ठे–
घन कुदाली से
लोहे–पत्थरों को तोड़ने के
आकाश के समानान्तर
हथेली वह फैलायेगा
तब उस पर
गहरे निशान वाली
गोल मिट्टी
लगेगा
तराज़ू से होकर स्वतन्त्र पृथ्वी
ऊपर से गिरती
हथेली पर ठहर गई
शान्त सुरक्षित।

उत्तर दक्षिण ध्रुव
नदी पहाड़ महासागर समुद्र
ग्लेशियर तूफ़ान
मरुस्थल दलदल
उत्तर दिशा से दक्षिण
पूर्व–पश्चिम दिशा तक
दिन सुरक्षित होंगे,
नगदी के दिन जैसे
ऐसी बेफिक्री
कि ज़िन्दगी जीने की
सँवारी मेहनत से।

काम पर जाती हुई औरत

काम पर जाती हुई औरत
इतनी सामान्य कि औरत कम
औरत का दृश्य ज़्यादा
मेरे देखते कम
सोचते ज़्यादा दृश्य में
उस औरत के पीछे-पीछे जाने के लिए
एक लड़का लोहे के कँटीले तार को
रोता हुआ फाँद गया
दूसरा तार के नीचे अधनंगा निकल गया।

हवा, चिड़िया, बादल के लिए
कँटीले घेरे का कोई मतलब नहीं,
मेरा मतलब है।

सोचने से भी बरसात में
ज़मीन पर दौड़कर
काले घने बादल
कँटीले तार से नहीं निकलेंगे
तब भी बारिश के बाद तार में
एक छोर से दूसरे छोर तक
बूँदें अटककर रह गई हैं–
डबडबाई फेंसिंग
जबर्दस्त धोखा कि सच में
बरसात की चिंधियाँ हैं बूँदें
फँसी हैं
मेरा मतलब है
इसलिए झुककर निकलने से
कमीज़ फँसती
फाँदने से पतलून
थोड़ा-बहुत मतलब होने से ही
अधनंगा लड़का इतना सामान्य
कि मेरी कमीज़ ज़रूरी कम
सहूलियत ज़्यादा
सहूलियत भी नहीं
यदि अधनंगा होता
तो तार के नीचे से
आसानी से निकल जाता।

ज़ोर की झड़ी लगी बरसात में
आसमान में जैसे पानी के लगातार
टूटे तार खिंचते ऊपर से नीचे तक
टूटते बूँद टुकड़े
पानी को गीला करते हुए
गहरा करते हैं
नदी और भी गहरे तक
भीगकर गीली

जैसे मेरी बनियाइन तक
अधिक से अधिक गीला रूमाल भी
बरसात में भीगने की मेरी गहराई–
रूमाल और बनियाइन
या कहीं एक बड़ी जनसंख्या के लिए पाताल–गिलास
अल्युमुनियम का फूटा हुआ
जिसमें कुछ भर नहीं पाता
बहकर इधर–उधर समुद्र होता है
हिन्द महासागर, अरब, पैसफिक
अटलांटिक होता है
नियमित रूप से पानी गिरने न गिरने के कारण
हरे रंग का तोता
इतना जाना–पहचाना
कि तोता कम हरा रंग ज़्यादा
तोता यदि निकलेगा
तो पिंजड़े में हरा रंग छोड़कर
एक मरा हुआ हरा रंग
सूर्य निकल आता है सुबह छोड़कर
मरी हुई सी सुबह–
बड़े तड़के निकलती है
जैसे निकाल दी जाती है
रात भर सूर्य के कब्जे में रही सुबह
बिलकुल प्रातः है बेचारी
देहातिन, गँवारिन ज़्यादा–
गुडमार्निंग !

रात से बाढ़ आई है
और ऊपर जिसके बरामदे में जाकर
पनाह लेने की आम धारणा है
सुबह–सुबह इसके सिवाय क्या चारा है
कि बहुत बड़ा बरामदा है !!
और नीचे किसी पेड़ के ऊपर

अपने को डूबने से बचाते हुए
इस आम धारणा में
मुझे कम-से-कम
दिन का गाना गाना है
जिसका विश्वास है
फिलहाल सर्दी से गला ख़राब है
मलेरिया का बुखार है।
दूसरे पेड़ पर कव्वे के बाजू में बैठी
रोती ज़्यादा औरत की गोद में
खेलते ज़्यादा बच्चे का
बड़े होने का भरोसा है
न मालूम कब तक
ऐसे लटके रहने का
आजकल का दिन है
जबकि अभी-अभी पैदा हुई एक बच्ची
अभी-अभी
बड़ी होने लगी-
इस तरह तड़ाक-फड़ाक काम का दिन
बीतने लगता है
कि रौताइन हो,
रेजा जमादारिन हो,
कुंजड़िन महारिन हो,
विधवा, शादीशुदा, छोड़ी गई
कुछ बेटे कुछ बेटी
पति से कम
बलात्कार से ज़्यादा
बीवी कम, माँ ज़्यादा।

बार रे बाप !!
ख़राब दिन और ख़राब रातों के घूरे में
उगे हुए टमाटर के पौधों को भी
बर्तन माँजने वाली

मालकिन से पूछकर ले जाती है
कि आने वाले समय में
पानी बोरे बासी भात के साथ
टमाटर की चटनी अच्छी लगेगी
एक-दो हरी मिर्च होगी
बहुत चरपरी होगी
या थोड़ी चरपरी होगी।...

धूम-धड़ाका ऐसा होता है कि
खुसर-फुसर होती है
पच्चीस लोग चुपचाप
मुँह लटकाकर खड़े हो जाते हैं
कि साहब से ज़्यादा साहबजादा
पर छब्बीसवाँ ज़रूर कहेगा–
कि ऐसा नहीं होगा।

नये-पुराने मकानों की
इतनी आड़ पैदा हो गई है
कि देखते ही लोग ओझल होते हैं
सड़कों से गलियाँ ज़्यादा।

आड़ी-टेढ़ी बहुत पतली गली–
मकानों के बीच
मैदान की फिंकी सड़ी हुई कतरन की ज़मीन पर
काँच की एक गोली चमकती है
बारिश से धुलकर
धूप बदली में गोली ठहर-ठहरकर चमकती है
धीरे-धीरे धड़कती है
गोया जान बाक़ी है
गोली खेलने वाले पुत्तर से
ज़िन्दगी में कुछ खेल बाक़ी है
अधिक काम बाक़ी है।

पुत्रीशाला के मैदान के बीच से
जाती हुई औरत और तीस–बत्तीस लोग
काफ़ी देर तक दिखते रहेंगे
सीमेंट के कारख़ाने में
काम करने वाली औरत की
सीमेंट से खाल भूरी दिखती है
खाल में गहरी दरारें
प्रदेश और पड़ोस की जुड़ाई
कैसी फ़ालतू, उखड़ी है
औरत की जात दिखती है
उसके पैर में ईंट की ठोकर से बने घावों में
रास्ते की मुरम
और मिट्टी भरी है
पैर जैसे नींव गहरी
यह कैसी इमारत
कि सर पर धमेले में ईंटें
और गोद में बच्चा !!
इमारत नहीं बेघर ज़्यादा
इस बेघर में सबका ठिकाना
उसका कहाँ रहना !

एक का भट्ठी से झुलसा हुआ चेहरा है
या सूर्य से उसने पसीना पोंछा है
लेकिन इस तरह उसने
कमर में अंगोछे को बाँध रखा है
कि बड़ा चुस्त
बहुत उत्साही वह छब्बीसवाँ
बहुत साँवला है
कभी वह आगे
कभी पीछे
कभी सबके बीच में
कभी दौड़ने लगता है।

तीस–बत्तीस लोग परन्तु सभी छब्बीसवें
की गिनती गिनते हुए
देखता हूँ कि काम ख़त्म कर
लौटने का उस औरत का
कोई समय नहीं।

वहीं खड़े–खड़े मेरी जगह निश्चित हुई
थोड़ी हुई
ज़्यादा नहीं हुई।

बड़ी भद्द हुई।

जिस सड़क पर मैं चला गया

जिस सड़क पर मैं चला गया
वह धँसी हुई ज़मीन के अन्दर
एक लम्बी दीवाल की मोटाई
ज़मीन की सतह पर–
जो रास्ता है तीस फ़ुट चौड़ा।

मुझे शक है
दीवाल पर मेरी चाल–ढाल
कारगुज़ारी, मेहनत ऊपर–ही–ऊपर
किसी धँसी इमारत के इर्द–गिर्द
है सिर्फ़–सिर्फ़
बार–बार यह इतनी बार
कि सड़क पर मेरी एक और साफ़ पगडंडी

मेरा फुटपाथ
मेरी सीधी-सादी चालढाल से
ठोकर से
ऊपर से गहरे जाकर
एक और पगडंडी दीवाल
धँसी हुई-
रास्ते को चौड़ा करती
बीती इमारत के इर्द-गिर्द
एक और पगडंडी दीवाल का अहाता।

मुझसे यह ग़लत हुआ
यह कैसी कार्य-पद्धति
कि सड़क के ऊपर
एक और सड़क की परत
सैकड़ों परतों से
उठकर बनी
गहरी ऊँचाई
जैसे ख़त्म सभ्यता के ऊपर
जीवन्त सभ्यता की परत चढ़ी
लेकिन रास्ता कहाँ बदला
बहुत कम बदला
कमज़ोर के ऊपर ताक़तवर सवार हुआ।

कहीं-कहीं पर मोड़
हलका-सा घुमाव
गोल लम्बी दीवाल
जिस पर मेरी दौड़
ऐसी कि घोड़ा दौड़ाते हुए
बादशाह की बगल में दबा मैं
मेरी राह कटी
इसके अलावा मेरी चाल
या किसी ने मेरी चाल चली

मेरे विरुद्ध ! एक दूसरे के खिलाफ़
प्यादी ! पिद्दी !!

मुझे है यही फ़िक्र-फ़िक्र
कि उस बीती इमारत का
जब कोई नामोनिशान नहीं
फिर भी उसके अन्दर जाने के
जगह-जगह नये-नये धरसे फूटे
कुछ लोग जो बीत गये
पूरे गिने गये
दुहराए जाने को ठहरे हुए।

बीती इमारत के अन्दर
तूतनख़ामन, नादिरशाह, ज़ार्ज, हिटलर
ब्रेकफ़ास्ट लेते हुए एक टेबिल पर
हाज़िर उनका ख़ानसामा बटलर
हाज़िर वे भी
जो भूख से अधमरे थे
मजबूरी में और मरे
दफ़न होकर घेरे में पहुँच गये
सबने सोचा कि यही नरक है
पिछले जन्म में उनसे पाप हुआ
जो ग़रीब हुए
हाय ! क्योंकर ! आख़िरकर !!

ज़मीन की सतह के बहुत नीचे
किसी समाप्त हुई
क़दमों की गड़बड़ हलचल से
उभरकर एक सम्भावित जगह तक
पहुँचने के पहले
एक पलटा हुआ रास्ता
जिस जगह ख़त्म हुआ

उसी जगह कोई जो क़ैद से भागा था
पकड़ा गया
गिरफ़्तार हुआ
और भी गहरे जाकर दफ़न हुआ
सही में मर गया !
सही में नहीं मरा !!
ठीक उसी जगह के बाद
रास्ता मैदान हुआ
क्योंकर ! आख़िरकर !!

अब पहले से सावधान होकर
सिपहसालार
आँखों में जिसकी
सुनहरी फ्रेम का चश्मा
और रेशमी टाई है
एटमी ताक़त की तलवार के साथ
पहरे में है
—अपने सभी ख़ज़ानों के साथ
बहुत से बादशाह दफ़न हैं
नहीं, ठहरे हुए
फिर भी इमारत में
बहुत ख़ाली कमरे
दुनिया में और कितनी सल्तनत ?
क्योंकर ! आख़िरकर !!

सच यह भी है
कि अन्दर जाने और बाहर निकलने के
अपने सभी मार्गों के साथ
इमारत वह
गहरी ज़मीन को ओढ़
एक ऊँचा टीला है—
ज़मीन पर पड़ी हुई

कुछ कुबड़ी ज़मीन
उसके नीचे-ऊपर ज़मीन
बहुत उर्वरा है।

धँसी इमारत में एक बूढ़ा माली
गमलों में झारे से
पानी डालते हुए
पूरी ज़मीन के बोझ से दबा
एक गमले से
दूसरे गमले
रोज़-रोज़ पौधों की देखरेख
जो ज़मीन के ऊपर पेड़-झाड़ होकर
बहुत घने जंगल हुए
ख़ूँखार जानवरों की जगह हुए
उस तरफ़ और
कुछ इस तरफ़
ज़मीन पर बिखरे पड़े
चमकदार और परतदार
अभ्रक के बड़े-बड़े टुकड़े।
उस तरफ़ धूल पर लोटकर चीता
तनकर खड़ा होता है
तो उसके शरीर पर
अभ्रक कण धूप में बहुत चमकते हैं
आदमख़ोर आकर्षक
और आदमी चमत्कृत है।

दिन गरमी के हैं–
छोटे-छोटे बवंडर
जगह-जगह अभ्रक की चमकदार धूल
और जंगल की
सूखी पत्तियों को
ऊपर उठाकर

तेज़ धूप में
झिलमिल
हवा की
नीचे से ऊपर बहने वाली
पतझड़ की सूखी मार है।

आसमान तक–
यहाँ की पतझड़
सब तारे पतझड़–
बिखरे हुए
तारे चमकते हुए।

क्या ज़मींदोज इमारत के गमले की जड़ से
आसमान तक पेड़ होगा ?
पेड़ की फुनगी का यही लक्ष्य होगा
कि सूर्य और चन्द्रमा का घोंसला उसी में हो
मंगल–बुध का भी
सौरमंडल उसी में बसेरा ले
आकाश–गंगा की झालर से
पेड़ जगमग सजा रहे
अन्तरिक्ष का शून्य
शाखाओं और पत्तियों में फँसा रहे कभी न निकले
सच तो यह है
मैं भी चाहता हूँ यही
लेकिन पेड़ सार्वजनिक
और आम का
दुनिया के लिए अमराई।

–चन्द्रमा इस तरफ़ से भी
अभ्रक के एक बड़े टुकड़े का
नीचे की धूल
ऊपर चाँदनी

नीचे चाँदनी-सी
शक शायद चन्द्रमा काँच का
और इस तरफ़ मिलने वाले पत्थर
दूसरे पत्थरों से वज़नदार
लोहे के पत्थर !

यहाँ मीलों फैली हुई
ज़मीन के अन्दर
डोलामाइट की चट्टानें
कोयला, ताँबा, टीन, जस्ता
उन सबकी दबी हुई पूँजी
हालत जिनकी खस्ता
कुछ नहीं पता कौन-सी तारीख़
दिन कौन-सा !

मुझे है शक ! बहुत चिन्ता !!
कि जिस सड़क में
मैं और आमदरफ़्त
है वही धँसी दीवाल
नीचे जिसके घेरे में
सारे खनिज
सुरक्षित इमारत
ढेर-सी लोहे की चट्टानें
तरह-तरह की मिट्टी और तरल
जिनकी पहचान अभी बाक़ी।

लगातार मिट्टी में धँसी होने से
दीवाल अहाते की
निकल आईं जड़ें !
बहुत उर्वरा ज़मीन !!
दीवाल अहाते की जड़ें !
नीचे-नीचे से

कुओं, नदियों, तालाबों का
छोटे-बड़े बाँध का
पानी सोखती
सूखते खेत
पड़ती भाटा होती ज़मीनें
झुलसी मुरमी लाल
काली मिट्टी
तड़ककर पत्थर
पत्थर टूटकर रेत
और मरुस्थल।

ऐसी नाप-जोख
कि ज़मीन-से-ज़मीन बेदख़ल
अन्दर-ही-अन्दर
दीवाल अहाते की जहाँ जड़ होगी
उसकी हद जोगी, हद होगी-
क़ब्रिस्तान की हद होगी-
अगर पहले एक हिन्दुस्तान की तरह
बाद में पाकिस्तान की तरह
क़ब्रिस्तान भी कोई देश है
और नापने के लिए
हिन्दू या मुसलमानी ज़रीब।

मैंने बराबर महसूस किया
पैरों के नीचे बहुत अन्दर
ज़मीन की पहाड़ जैसी चट्टान में
पड़ती दरार को और दरार से फूट पड़ती
पारे की पतली धार को
मैंने जब यह बात
दोस्त से की
तो उसने कहा-
यह तो वैसा ही हुआ

कि बहुत देर तब बच्चे ने दूध नहीं पिया
तो दूध से माँ का ब्लाउज
अपने आप गीला हुआ।

चट्टान में दरार पड़ते ही
मैंने साथ-साथ महसूस किया
इमारत की खुलती खिड़की
और पलड़ों को
बरसों जाम हुए कब्जों को
कड़कड़ खुलते हुए
सैकड़ों फुट नीचे
ज़मीन के खिसकने-हटने की आवाज़ में
मलबे मिट्टी पत्थर को हटकर
जगह होते
ज़मीन को पोली होते
ज़रूर इमारत में कोई जाग पड़ा
उसकी चहलक़दमी
जैसे सक्रिय हुआ
खिड़की खुलते ही
भूकम्प जितना धक्का लगा
हाय ! दरवाज़ा खुलेगा तो क्या होगा !

पूरी इमारत ही जैसे हिल गई
खिसक गई
जैसे समुद्र के अन्दर
किसी चट्टान के ऊपर
ठहरी हुई सबमैरीन
पानी की अन्दरूनी हलचल से
खिसककर तिरछी हुई।

कभी यहाँ पर समुद्र था ज़रूर
तभी तो एक फासिल मछली तैर गई

पारदर्शी मछली
जिसकी हड्डियों का ढाँचा स्पष्ट
शैवाल, प्लांक्टन से भरा हुआ यह पत्थर का समुद्र
पानी मिट्टी है।

ज़मीन के अन्दर जो टीले हैं
सूखे समुद्र की तलछट में
समुद्री टीले हैं
इन्हीं के बीच सुर्ख मूँगा चट्टान
फैलती-सिकुड़ती है
वही दृश्य है
ज़िन्दगी बची है
छोटी-छोटी इसीलिए
शताब्दी से तैरने के इन्तज़ार में
पत्थरों के अन्दर मछलियों की आकृति
शैवाल पानी में तिरने के लिए
तूफ़ान उठने के लिए
और सबमैरीन टोह लेने के लिए।

तभी दीवाल सड़क में
मुड़ते ही
तलुवों में
जबर्दस्त कटने चिरने की पीड़ा से
मुझे ध्यान आता है
कि इमारत की हिफ़ाजत के लिए
दीवाल में टूटी बोतलों
और आइनों के काँच-टुकड़े गाड़े गये
जो निचली परतों से निकले सड़क पर
एक हलके भूकंप के धक्के से।

अजीब तिरछे उभरे घूमे हुए
आइनों के काँच-टुकड़ों में

सभी बिगड़े हुए चेहरे
आदिवासी काला रंग
नंगधड़ंग का मूँछों-भरा चेहरा
मज़बूत उभरी हड्डियों का
कठोर चेहरा
ज़मीन से निकल आया
स्वस्थ पथरीला, चट्टानी
आदिवासी काले रंग में
सड़क की कोलतार का रंग
चेहरे पर तनाव जैसे
छाती पर अभी रोड-रोलर चला है
लौह-पत्थर को हाथ भट्ठी से गलाकर
निकाले लोहे से
कानों में लोहे के कुंडल,
कन्धे में कुल्हाड़ी
पीछे बहुत घनी झाड़ी
उसी में दुबका बैठा चीता
जिसकी है फ़िक्र बड़ी चिन्ता।

कोई चेहरा नीग्रो हब्शी
मंगोली, काकेशियन
या बिलकुल बन्दर
—नहीं, बहुत पसीना है
तीन दिन से दाढ़ी नहीं बनी
बाल बिखरे, आँख भारी
कंधे में झोला लटका है।

सड़क के किनारे
म्युनिसिपैल्टी के नल से
बड़ी मुश्किल से हाथ-मुँह धोया
बड़ी भीड़ नल में
हंडियों बाल्टियों में

पानी भरने के लिए झगड़ा मचा है
रात दो बजे से नल खुला है
कल तीन बजे रात को
पानी आया।

औरतों आदमियों की भीड़ में
देखता हूँ कि मेरी पत्नी
नहीं आई पानी भरने
अभी तक नहीं
मेरा दिमाग़ ऊटपटाँग है
अच्छा हुआ जो पहले से मैंने
गीला कर लिया माथा
मैं चिल्लाया—
नल खुल गया है !
देर हो गयी !!
बन्द हो जायेगा !!!
एक आकृति–पत्नी अँधेरे में
तीनों बाल्टियों को लेकर
तेज़ी से आती दिखी
अभी वह दूर है
एक बड़ी बाल्टी के अन्दर दो बाल्टियाँ हैं।

खड़खड़ ख़ाली बाल्टियों की आवाज़
मुझ तक, नल तक उससे पहले पहुँची
मैं विचार करने लगा
कि नल से
पानी गिरने वाली आवाज़ को
ख़ाली बाल्टियों की आवाज़ में
भर दूँ।

सन्नाटे में भरी गुज़रती बस की आवाज़ में
अपनी चीख़ को चिल्लाकर रवाना कर दूँ

और चुप होकर थोड़ी देर मुस्कराता खड़ा रहूँ
लेकिन कहाँ !! जाने के लिए ?

नदी में बारीक छेद है
नल से बूँद-बूँद
नदी टपकती है
बाढ़ म्युनिसिपैल्टी के नल से आयेगी
पहले ख़ाली घड़ा भरेगा
फिर डूब जायेगा
मुहल्ला शहर डूबेगा।

बिजली के खम्भे के नीचे
एक आइने के टुकड़े से
अपने गीले बाल सँवार
मैं रात में भी भला लगता हूँ
बहुत शरीफ़
इसलिए अपने कठोर चेहरे से
डरता नहीं हूँ
चेहरे के पीछे
दुबके बैठे चीते से डरता हूँ।

चौंकता हूँ जिस हलकी आवाज़ से कि चीता है
वह तो मुझसे डरी झाड़ी से निकल
आगे भागती
तीतर-बटेर है
बड़ा गोलमाल है
कि आगे झाड़ी तक
मेरे पहुँचने के पहले
तीतर-बटेर वहाँ से
और आगे की झाड़ी में भाग जायेंगी
ख़ूब रास्ता कटता है
पहले तीतर-बटेर से

फिर मुझसे
हाय ! मैं भी किसी के लिए ऐसा ही
मेरे पीछे-पीछे कोई !!

बहुत डरा हुआ आगे बढ़ा
क़दम लहूलुहान पड़े
दीवाल की काँच से तलुवे बुरी तरह कटे
अपने ख़ून के
अपने पैर चिह्न रखता हुआ
पहचान छोड़ता
मैं आत्महत्या किया हुआ-सा
आसानी से धर लिये जाने के लिए
हत्यारा तो नहीं !
न मेरे पैर नंगे
कि ज़िन्दगी के सुख और दुख को
एक जोड़ी जूते की तरह पहना है
चरर-चरर गूँज होती है
बल्कि नई जैसी जोड़ी
चमक एक जैसी
ये नहीं घिसते
बिल्क मैं घिसा रगड़ खाया
पहना मैं गया
तब भी दूसरों से जैसे मैं बहुत सुखी...क्योंकर ! आख़िरकर !!

मुझसे हुई ग़लती
मेरी तो सबके साथ हिस्सेदारी
दीवाल-सतह-सड़क पर
पैर सुन्न होते हैं
इस पर
बिगड़ती चाल
जाने का यही रास्ता।

मैं आफ़त का मारा
आफ़त की खोज करते हुए
इसी रास्ते पर
मुझे इमारत की जानकारी चाहिए
उसमें कौन रहता है
कितने कमरे हैं ! गलियारे !! बरामदे !!!
कितना बड़ा रसोई घर !! स्टोर !!!
दरवाज़ा खुलना ही चाहिए।

अगर ख़ाली है तो
उसकी चाबी चाहिए।

आरपार शायद इसी को कहते हैं

आरपार शायद इसी को कहते हैं–
सूरज डूबता है और निकल जाता है
–मुझे निहत्था कर दिया गया
एक हद तक निहत्था रखने के लिए
कमीज़ के कालर में खुँसी हुई
दाँत खोदने की आलपिन निकाल ली गई थी
बिलकुल सही निशाने पर
मैं हमेशा की तरह खड़ा था
और पूरा-का-पूरा दिन
मुझपर दाग दिया गया
अढ़ाई लाख आबादी का शहर
बाबूलाल टॉकीज़ की दीवाल से टकराकर
दूर तक बिखर गया छर्रे की तरह

दीवाल पर गोली के निशान होंगे
या चुनाव-चिह्न होगा गोली के निशान की तरह
रंगरूटों के शहर की तरह लग रहा था
ख़ाकी वर्दी पहनने का शौक़ छोटे-छोटे बच्चों में हो गया था
सफ़ेद कपड़े बीमार या बूढ़े खरीदते थे
देश की सुरक्षा की अधिकतम सीमा पर
सरकारी-गैरसरकारी दफ़्तरों के
ख़ाकी वर्दीवाले
चपरासियों को बैठने के लिए कहा गया
जहाँ तक अफ़सर की घंटी की आवाज़ जाती थी
मेकमोहन लाइन वहीं से शुरू होती थी
मुनाफ़ाखोरी और महँगाई से ऊबकर राशनकार्ड लेकर
दोस्तों के साथ उस सीमा तक पहुँचने की कोशिश की
तो देश की सुरक्षा के लिए
अपीलें निकाली गईं
और मुझसे बरामद दाँत खोदने की आलपिन से
अत्यन्त गुप्त कागज़ों को नत्थी कर दिया गया
जिस सीमा पर मैं ज़िन्दा खड़ा था
उससे दो फ़ुट आगे मैं मरा हुआ था
उसी सीमा पर
धूल के मटमैले आकाश में
इन्द्रधनुष देखने के बाद
मुझे लगा कि सीने पर रंगीन पट्टी लगाकर
एक बड़ा सैनिक अफ़सर तैनात है
अपना या दुश्मन का ?
मेरा ईश्वर या उसका अल्लाह ?
यदि आकाश निशाना हो
और जब एक साथ हज़ारों गोलियाँ दाग दी जायें
तो आकाश के अनन्त होने के कारण
सबको अपने-अपने निशाने की उम्मीद थी
परन्तु धोखे से एक गिद्ध मारा गया
जो आकाश को एक अनन्त मुर्दा जानकर

जा रहा होगा
हमारी ज़िन्दगी का उद्देश्य भी
एक बड़ी उम्मीद है
कि आकाश एक अनन्त मुर्दा हो
जिसके नीचे लटके हुए कटे अधर शून्य पैरों में
धरती का उजाड़ धूलभरा ख़ाकी मोजा हो
—चाँदमारी के बाद जब रंगरूट घर लौट रहे थे
तो पहले लगा कि बाबूलाल टॉकीज़ से सिनेमा छूटा हो
या नेशनल सर्कस का परेड
कुछ रंगरूटों के कंधों और सिर की टहनियों में
कौओं, चिड़ियों के घोंसले फँसे आ गये थे
या रंगरूट जब घर लौटता है तो प्रतीक के रूप में
घोंसला रख लेता है
घर लौटने का सुख है
प्रतीक के रूप में चारपाई रखना वज़नदार था
जिसमें पत्नी या प्रेमिका लेटी हुई हो
सड़क के किनारे सैनिक बूट पहने
एक कटी टाँग पड़ी थी
कोई भूल गया था
बचा हुआ आदमी कहाँ चला गया था
पेशाब करने गया हो या मर गया हो, इत्यादि
टाँग गर्म थी, ख़ाकी मोजा ऊनी था
बूट को खोलकर मैंने रख लिया
बूट वज़नदार था
शायद उसके अन्दर कटी टाँग का प्रेत था
बहुत भयानक हथियारों से
आदमी टुकड़े-टुकड़े किये गये
इसीलिए आदमी का प्रेत भी टुकड़े-टुकड़े हो गया हो
कटे हाथ का अलग प्रेत
कटी नाक का अलग प्रेत
संस्कृति और भारतीयता के नाम पर
कटी नाक में फुल्ली एक पहचान की तरह थी।

–ख़बरों और भयावह सम्भावनाओं के बीच
मुझे एक आविष्कार करने के लिए कहा गया था
वह यह कि चूहा एक आसान किस्त है
आदमियत का कर्ज़ पटाने के लिए
इसलिए एक ज़िन्दा चूहा
बूट के अन्दर बन्द कर दिया गया
कि चूहे के चलने से
बूट में चाल होगी
बायें, दायें नहीं
केवल बायें-बायें
क्योंकि बूट बायें पैर का था
परन्तु धत्तेरे की !
लेकिन धत्तेरे की !!
बूट के अन्दर एक उभरा हुआ खीला था
और चूहा स्वतन्त्र होने की
अपनी ही उछल-कूद से
बूट के अन्दर मारा गया
मैं रोने लगा–अमेरिका हाय ! हाय !!
मेरी पत्नी रोने लगी–रूस हाय ! हाय !!
हमारे बच्चे अभी होने वाले थे।

●●●